LA PERSONA QUE SOY

Les Thompson

©1991 LOGOI, Inc. Miami, Florida

Publicado por LOGOI, Inc. y
Editorial UNILIT

© 1991, LOGOI, Inc.
14540 SW 136 Street, #200
Miami, FL 33186

© 1997, edición revisada
y actualizada

Producto 491046
ISBN 0-7899-0254-0

Impreso en Colombia
Printed in Colombia

¡Un seminario en cada iglesia!

Este libro se ha diseñado para servir como texto de consulta o como texto de estudio. Se anima a los pastores a considerar el programa completo ofrecido por LOGOI / FLET para establecer un seminario o instituto bíblico en la iglesia.

Esta obra contiene el estudio propiamente dicho, un manual para el estudiante y un manual para el facilitador.

Para iniciar un programa de estudios bíblicos en la iglesia, o para recibir un certificado de LOGOI por el estudio de este libro, se debe escribir a las oficinas de LOGOI para solicitar la matrícula correspondiente.

A quienes lo soliciten LOGOI les enviará un catálogo que contiene un plan de estudios acreditados, equivalente a los programas de estudios regulares de los seminarios. Los alumnos que sigan el plan de estudios se afirmarán en una base sólida cristiana, se edificarán, evangelizarán y discipularán a otros (véase la página 217).

LOGOI / FLET
14540 SW 136 Street, Nº 200
Miami, FL 33186

Teléfono: (305) 232-5880
Fax: (305) 232-3592

Contenido

Introducción

Una de las tareas más productivas en la vida de un siervo de Dios es el estudio de la naturaleza humana. Es indispensable conocer al ser humano para poder ministrar a sus necesidades. El concepto que se tenga de lo que constituye una persona determinará en gran manera el trato que se le brinde al prójimo.

¿Qué es ser humano? ¿Somos todos iguales ante Dios? ¿Qué actitudes se observan en la iglesia entre diferentes grupos sociales, económicos, de raza, etc.? ¿Cómo se refleja el concepto que uno tenga de las personas en el ministerio de la iglesia?

El teólogo suizo-francés Juan Calvino dijo: «Toda la sabiduría consiste en este, que el hombre conozca a Dios y que se conozca a sí mismo.» Calvino tenía razón.

Cuando el Comité Administrativo de FLET me pidió escribir el texto para este curso, me sentí muy honrado. Considero que para cualquier profesor es un gran privilegio poder dirigirse a tantos estudiantes con una metodología como esta, que abre a miles la oportunidad para el estudio de la Biblia.

Al poner en palabras lo que el sagrado texto dice acerca del ser humano, me he encontrado nuevamente maravillado de lo que representa el hombre, esta creación especial de Dios. Somos creados a la misma imagen del Creador, con todo el potencial que esto representa. Al considerar al hombre moderno, sin embargo, ¡qué lejos estamos de parecernos a Dios!

La ola da maldad que azota al mundo entero, el egoísmo, la avaricia, la amoralidad, las drogas, la violencia nos hace a todos sonrojar ante nuestro Dios. Nos identificamos con el pensamiento del salmista: «*¿Qué es el hombre para que de él tengas memoria, y el hijo del hombre para que lo cuides?*»

¿Cómo es posible que Dios nos vea tal como somos y nos siga extendiendo su gracia, su compasión, su misericordia, su clemencia, su amor y perdón? No tengo respuesta. Me quedo mudo ante tal majestad. El hecho es que este reestudio de la persona que soy me ha llevado a un aprecio mucho mayor de mi salvación y de mi Salvador.

Mi enfoque se aparta algo de los sistemas clásicos de hacer un estudio de antropología bíblica, aunque por supuesto procuro incluir los temas principales. Lo que he querido impartir con toda claridad es nuestra total dependencia en Dios Padre, Dios Hijo y Dios Espíritu Santo para poder vivir la vida cristiana con un sentido real de victoria sobre el pecado. He querido enfatizar a través de todo el escrito que la única vida que vale la pena vivir es aquella que tiene a Jesucristo como centro. Finalmente, he querido poner la vista de todos sobre la meta del cristiano: el cielo que nuestro bendito Redentor ha preparado para nosotros.

Creo que el valor de este estudio será altamente fortalecido con el estudio muy centrado que por video hace mi buen amigo R.C. Sproul, «*La imagen quebrantada*». Vean, y luego oigan, y vuelvan a ver y a escuchar los videos que complementan este curso.

Oro que el Señor Jesucristo, por el poder de su Santo Espíritu, tome este esfuerzo para traer gloria y honor a nuestro Padre Celestial.

Les Thompson
Setiembre de 1997

1

Adán:
padre de todos nosotros

1

Adán:
padre de todos nosotros

Hace poco, a unas cuadras de mi casa, llegó una cuadrilla de trabajadores —con esas enormes máquinas de remover tierra— para arrasar varias hectáreas de un sembradío. En pocos días, las aplanadoras nivelaron el terreno, preparándolo para edificar quinientas casas. Contemplando ese enorme proyecto urbanizador, me pregunté: «¿Por qué vivimos los seres humanos en casas, en lugar de en potreros como los animales?»

Andaba en mi auto cuando la luz roja de un semáforo me detuvo, vi alrededor y me fijé en una venta de automóviles. Segundos antes del cambio de luz, vi a un perro que ojeaba a un gato negro. Más allá había una pareja obviamente considerando comprar un auto. Se decían algo que por la distancia no podía escuchar pero, por los gestos que hacían con sus cabezas, parecía que estaban de acuerdo.

La luz cambió a verde, y seguí por mi camino pensando en la diferencia entre el perro y el gato, y la pareja. A los animales no les atraían los autos para nada; solo al hombre y a la mujer. ¿Por qué esa diferencia?

¿Por qué? Porque el hombre y la mujer fueron hechos a imagen de Dios, atributo que les hace anhelar y buscar cosas que no tienen apelativo para los animales.

Mi casa está a cinco kilómetros de un gran parque zoológico. Nos encanta, a mi señora y a mí, llevar a los nietos a ver los animales. He pasado horas observándolos. En verdad, he visto personas cuyas caras me hacen pensar en un gorila, y hasta en un oso. Sin embargo, hay una enorme diferencia entre un hombre y un animal. Por ejemplo, no he visto a un oso salir de su jaula y meterse en un auto, para ir a pasear con su familia. Ni a un gorila salir de compras, cosa que le encanta hacer a mi esposa (con esto no estoy diciendo que se parece a un animal, ¡al contrario!). Mil veces he tratado de conversar con los animales. Hasta el día de hoy no he recibido más respuesta que un gruñido. Pero mi nietecito, con solo dos años, me responde cuando le hablo. Hoy mismo me dijo: «Abuelito, tú y yo somos muy amigos, ¿verdad que sí?», cosa que ni una cotorra me ha dicho.

¿Por qué la diferencia? Pequeños o grandes, negros o blancos, los seres humanos fuimos hechos a imagen de Dios. El hombre, en su afán de explicar su origen, desechando la enseñanza bíblica, inició lo que conocemos como antropología. Esta palabra deriva de los vocablos griegos: *antropos*, que significa hombre, y *logos*, que quiere decir estudio. Por tanto, la antropología es sencillamente el estudio del hombre. Y es en base a los requerimientos de esa ciencia que los estudiosos bíblicos dieron respuestas a las numerosas preguntas de la arqueología, implementando así la antropología bíblica. ¿Qué trata la antropología bíblica? Responde a cuestiones tales como: ¿Qué es el hombre? ¿Cómo se originó?, etc., todo ello basado en lo que la Biblia nos asegura:

«Entonces Jehová Dios formó al hombre del polvo de la tierra. Sopló en su nariz aliento de vida, y el hombre llegó a ser un ser viviente» (Gn 2.7). *«Creó, pues, Dios al hombre a su imagen; a imagen de Dios lo creó; hombre y mujer los creó»* (Gn 1.27).

1. FUIMOS HECHOS SERES NATURALES

Dice la Biblia que fuimos creados *«del polvo de la tierra»*.

De esa sencilla y original pila de barro húmedo, ¿cómo llegamos a ser la compleja criatura que somos? Hombres y mujeres con una variedad increíble de atributos, desde la sabiduría de un Einstein, al genio de un Mozart, a la belleza de una Elena de Troya.

Muchos planteamientos nos han fascinado con sus respuestas a esa interrogante. Por ejemplo, las ideas darwinianas. Estas pretenden confirmar que somos un accidente de la naturaleza —como afirma una de ellas, la teoría del *Big Bang*—, que fuimos evolucionando de células microscópicas a gusarapos que se tornan en largartos, que se convierten en animales, hasta llegar a los gorilas, y de ahí nos transformamos en personas. Al principio esas ideas nos fascinan, parecen razonables.

Sin embargo, al considerarlas cuidadosamente, vemos que estos conceptos, en el fondo, requieren una fe increíble. Primero, ¿cómo puede *algo* venir de la *nada*? ¿Cómo de la *nada* puede explotar algo como lo afirma la teoría del *Big Bang*? Tal axioma, que es el que da base a esa afirmación, contradice toda lógica. Cero siempre produce cero, no importa cuántas veces sea multiplicado. Y con cero es que comienza la teoría de Darwin; y cada salto de avance en la cadena evolutiva requiere un mayor salto de credibilidad. Además, si somos meramente un accidente de la naturaleza, ¿qué sentido podemos darle a la vida? En última instancia, tal tipo de origen nos deja en increíble soledad, desesperación y cinismo. ¿Qué logra el hombre al negar la existencia de Dios?

De todas las explicaciones que se han dado para el origen del hombre, la más lógica, la que menos problemas produce —y la que más satisface— es la bíblica. Ella comienza con el concepto de que hay un Dios. Si hay un ser divino, eterno, todopoderoso y todo sabio, ¿qué dificultad hay para creer que hizo todo lo que existe? ¿Cuán difícil es creer que Él nos hizo? Si comenzamos con Dios, nada de lo que dice el libro de Génesis es ridículo. Más bien, nos satisface. Además, la realidad de que somos creados por Él nos da significación, propósito y sentido en la vida.

2. FUIMOS CREADOS SERES ESPIRITUALES

Por la manera en que recibimos vida [«*Sopló en su nariz aliento de vida, y el hombre llegó a ser un ser viviente*» (Gn 2.7)] hallamos la relación especial que tenemos con Dios.

Hágase el cuadro mental de una persona dándole respiración boca a boca a un ahogado. Considere lo íntimo de ese acto, la dependencia del que recibe el aliento, la relación de unión entre los dos. Allí está el secreto de la «vida» del hombre, ¡el aliento de Dios! Ese acto divino explica por qué somos tan distintos al resto de la creación y, también, por qué el hombre —no importa a dónde uno llegue en este mundo— es un ser religioso.

En una gira por Ecuador, en la zona fronteriza con Colombia, nuestro guía nos llevó en canoa unas cuatro horas río arriba, para mostrarnos una aldea indígena sagrada. Allí no vivía nadie, era el lugar especial reservado para los dioses. La tribu se reúne allí —solo en los días sagrados— para ofrecerles sacrificios y fiestas a los seres que adoran. ¿De dónde les llegó la idea de que hay un Dios que tiene que ser complacido? Por la manera en que Él nos hizo sabemos que es una idea innata.

Lea las historias más antiguas de los hombres primitivos y hallará religión. Siga las huellas de los arqueólogos, y observará que cuando desentierran antiguos restos humanos, encuentran —junto a la osamenta— reliquias de su religiosidad.

San Pablo afirma: «*Porque cuando los gentiles que no tienen ley, practican por naturaleza el contenido de la ley, aunque no tienen ley, son ley para sí mismos. Ellos muestran la obra de la ley escrita en sus corazones, mientras que su conciencia concuerda en su testimonio; y sus razonamientos se acusan o se excusan unos a otros*» (Ro 2.14–15).

El hombre es un ser religioso porque tiene un origen divino. No es que él inventó la religión para explicar lo inexplicable, sino que al ser creado por Dios intuitivamente necesita comunicarse con su Creador. Como decía Agustín:

«Oh Dios, tú nos has creado para ti mismo y no descansaremos hasta descansar en ti».

3. FUIMOS HECHOS SERES MATERIALES

Hay otro detalle que debe intrigarnos: los atributos especiales con que Dios dotó al hombre. El conjunto de ellos nos muestra el valor especial del hombre, hecho a imagen de Dios.

«Y plantó Jehová Dios un jardín en Edén, en el oriente, y puso allí al hombre que había formado. Jehová Dios hizo brotar de la tierra toda clase de árboles atractivos a la vista y buenos para comer; también en medio del jardín, el árbol de la vida y el árbol del conocimiento del bien y del mal. Un río salía de Edén para regar el jardín, y de allí se dividía en cuatro brazos. El nombre del primero era Pisón. Este rodeaba toda la tierra de Havila, donde hay oro. Y el oro de aquella tierra es bueno. También hay allí ámbar y ónice. El nombre del segundo río era Guijón. Este rodeaba toda la tierra de Etiopía. El nombre del tercer río era Tigris, que corre al oriente de Asiria. Y el cuarto río era el Eufrates» (Gn 2. 8–14).

Es interesante observar en todo este capítulo la repetición del doble nombre de Dios. (En hebreo era *«El»*, singular, pero el escritor del libro de Génesis lo amplió a Elohim, que es plural, permitiendo así el concepto de Trinidad.) Se usa colocándose a Jehová primero, seguido por Dios, para indicar que el que se menciona aquí no es un dios cualquiera, sino que es uno con Jehová —Jehová Dios— el mismo que creó al mundo y que llegará para juzgar al hombre y a la mujer que le desobedezcan. Sabemos que este es el nombre propio del *Dios de Israel.*

Además, enfatiza que:

- Jehová Dios les hizo un hogar especial: el Huerto de Edén. El campo abierto no era apropiado para esta criatura especial, ya que el hombre no es como los animales. Necesita casa, abrigo, y techo.

- Los dotó con un sentido estético: la habilidad para apreciar lo artístico y lo bello. Nótese que dice que hizo para Adán y Eva «árboles atractivos a la vista». Dios no solo les dio vista, sino también las cosas hermosas que integran tal panorama: árboles de distintos tamaños, hojas de diferentes diseños y colores, así como plantas y flores para embellecer el ambiente. Además, observamos lo extraordinario que ha de haber sido el local del Edén, su río con cuatro brazos, etc.

- Les dio el sentido del gusto: Árboles «*buenos para comer*». ¡Qué gloriosa es esta capacidad! El paladar aumenta nuestra felicidad. Nótese que hizo cada cosa con su sabor especial para satisfacer los gustos del hombre.

- Les dio objetos de valor material: «el oro de aquella tierra es bueno. También hay allí... ónice». Dios, en el Huerto de Edén, anticipa nuestra necesidad de oro y piedras preciosas. Todas estas cosas son buenas, hechas por Dios para ser disfrutadas. El abuso, y pecado, ocurre cuando amamos lo material más que a Dios.

- Les dio animales, criaturas vivas para proveerles alimento, abrigo, y seguramente para entretenerlos. A la vez, estas criaturas servirían para recordarles la diferencia entre ellos y el resto de la creación: «*Jehová Dios, pues, formó de la tierra todos los animales del campo y todas las aves del cielo*».

4. FUIMOS HECHOS SERES PRÁCTICOS

A este ser especial, creado del polvo, Dios le dio otra capacidad: la habilidad para trabajar.

«Tomó, pues, Jehová Dios al hombre y lo puso en el jardín de Edén, para que lo cultivase y lo guardase».

El hombre, como es hecho a la imagen de Dios (Dios es un ser activo y creativo), requiere responsabilidad y actividad para satisfacer sus habilidades creativas. Ya en el primer capítulo del Génesis, Dios dijo: *«Llenad la tierra; sojuzgadla y tened dominio sobre los peces del mar, las aves del cielo y todos los animales que se desplazan sobre la tierra»* (v. 28).

Tengo un amigo que nació en un hogar adinerado. No ha trabajado nunca en su vida. Me parece que es la persona más miserable que conozco. Vive sin disfrutar el placer de alcanzar un objetivo, de realizar algo importante. Como una sanguijuela, vive de lo que le dejaron sus padres. No cambiaría mi vida por una como la de él.

El trabajo es importante para sentirnos satisfechos. Es el resultado de la obra de nuestras manos lo que nos alegra. Algo parecido a lo que Dios sintió luego de sus actos creativos. La Biblia dice: *«Y vio Dios todo lo que había hecho, y he aquí que era bueno en gran manera»* (1.31; véanse también vv. 12, 18, 21, 25).

5. FUIMOS CREADOS SERES RACIONALES

Dios tuvo que saber que el hombre moderno procuraría reducir Su creación. Véase la manera en que la llamada «ciencia» habla del hombre primitivo. Lo presenta como medio mono, salvaje, estúpido, viviendo en cuevas, más animal que hombre. A esto le añade el cuadro cruel de cómo trataba a la mujer: arrastrándola semidesnuda por el pelo, con un garrote en su otra mano. ¡Qué distinta la descripción que nos da la Biblia!

«Jehová Dios, pues, formó de la tierra todos los animales del campo y todas las aves del cielo, y los trajo al hombre para ver cómo los llamaría. Lo que el hombre llamó a los animales, ese es su nombre. El hombre puso nombres a todo el ganado, a las aves del cielo y a todos los animales del campo» (Gn 2.19–20).

Cuando la Biblia habla de «dar un nombre», significa describir conceptualmente las cualidades de lo nombrado. Por lo tanto, la tarea encomendada a Adán era una responsabilidad científica. El zoólogo de hoy pasa su vida entera estudiando unos cuantos animales. Imagínese la habilidad que necesitaría Adán para no solo conocer las características de todos los animales, sino darles nombres que describieran tales características. ¡Qué capacidad intelectual tiene que haber tenido Adán!

Cuando Dios hizo a nuestros primeros padres, no formó unos seres torpes e incapaces. Creemos que Adán y Eva fueron los seres humanos más perfectos, en todo el sentido de la palabra, que jamás existieron. Y, a través de la historia, encontramos hijos e hijas de Adán y de Eva con capacidades extraordinarias apuntando —con sus sorprendentes habilidades humanas— a que somos creados a imagen de Dios.

Dios nos crea del barro de la tierra, y luego nos manda a cuidar y cultivar esa misma tierra. Hemos de llenarla, sojuzgarla, y señorearla (Gn 1.28). Es decir, al poblar este mundo, nuestro deber es embellecer, enriquecer, y desarrollar este hermoso hábitat que Dios hizo para nuestro beneficio. Con este mandato nos da a conocer el gran potencial divinamente plantado en cada persona.

6. DIOS NOS HIZO SERES MORALES

Otro aspecto especial del hombre es su formación moral. Reconozco que al escuchar las noticias mundiales a diario, y considerar la perversidad de tantos, a veces dudamos de esta verdad. Pero lo mismo que nos inquieta por la conducta moral humana indica que Dios nos hizo seres moralmente responsables. Nos informa el texto:

«También en medio del jardín [Jehová Dios plantó] *el árbol de la vida y el árbol del conocimiento del bien y del mal»* (Gn 2.9).

«Y Jehová Dios mandó al hombre diciendo: Puedes comer de todos los árboles del jardín; pero del árbol del conocimiento del bien y del mal no comerás, porque el día que comas de él, ciertamente morirás» (Gn 2.16–17).

El hombre tiene habilidad para escoger, tiene libre albedrío. Ya dijimos que, en su misericordia, Dios escribió su ley en los corazones de todos los hombres (Ro 2.15). Todos sabemos, innatamente, lo que es bueno y lo que es malo. Lo triste es que preferimos comer del fruto prohibido en lugar de saborear y gustar del árbol de la vida. *«Y esta es la condenación: que la luz vino al mundo, y los hombres amaron más las tinieblas que la luz, porque sus obras eran malas»* (Jn 3.19).

7. DIOS NOS HIZO SERES SOCIALES

Los sociólogos señalan que la gran aflicción del hombre moderno es la soledad. Interesantemente, esto fue lo que Dios le quitó al primer hombre:

«Dijo además Jehová Dios: No es bueno que el hombre esté solo; le haré una ayuda idónea... Entonces Jehová Dios hizo que sobre el hombre cayera un sueño profundo; y mientras dormía, tomó una de sus costillas y cerró la carne en su lugar. Y de la costilla que Jehová Dios tomó del hombre, hizo una mujer y la trajo al hombre. Entonces dijo el hombre: Ahora, esta es hueso de mis huesos y carne de mi carne. Esta será llamada Mujer, porque fue tomada del hombre. Por tanto, el hombre dejará a su padre y a su madre, y se unirá a su mujer, y serán una sola carne. Estaban ambos desnudos, el hombre y su mujer, y no se avergonzaban» (Gn 2.18–25).

Cuando Dios dice: *«No es bueno que el hombre esté solo; le haré una ayuda idónea»*, no se trata de la inferioridad de la mujer, sino de la insuficiencia del hombre. Esto indica que requiere ayuda y compañía. Para satisfacer esas dos necesidades básicas, Dios establece el matrimonio. A su vez, hay quienes enseñan que el celibato agrada más a Dios. Veamos lo que la Biblia enseña:

- En los tiempos del Antiguo Testamento el individuo más santo era el sumo sacerdote; y siempre era casado (Lev 21.13).

- Al nazareo, persona separada especialmente para servir a Dios, se le permitía casarse (Núm 6.1–4).

- En los tiempos de San Pablo, se cree que por razones de las intensas persecuciones, a algunos les fue dado el don del celibato (1 Co 7.7), pero esto no era normativo.

- En toda la Biblia jamás se le ordena al hombre no casarse (1 Tim 4.3).

Continuando el comentario, es interesante el dato que se nos da acerca de la manera novedosa en que la mujer fue creada. Este detalle tiene su importancia. El hombre viene del polvo; la mujer de Adán —como él dice— *«fue tomada del hombre»*.

Ese acto creativo tiene que ver, en primer lugar, con la relación que la esposa ha de tener con su marido. Como indicó Adán, ella es *«hueso de mis huesos y carne de mi carne»*. Eso habla de una unidad indispensable. Es de notar que el apóstol Pablo usa este mismo tipo de unión para hablar de la relación que tenemos con Cristo (Ef 5.30). Por eso el divorcio es odiado por Dios (va en contra de Sus divinas intenciones con el matrimonio): *«Porque Jehová ha atestiguado entre ti y la mujer de tu juventud, contra la cual has sido desleal, siendo ella tu compañera, y la mujer de tu pacto. ¿No hizo él uno, habiendo en él abundancia de espíritu? ¿Y por qué uno? Porque buscaba una descendencia para Dios! Guardaos, pues, en vuestro espíritu, y no seáis desleales para con la mujer de vuestra juventud»* (Mal 2.14–15).

En segundo lugar, el hecho de que *«fue tomada del hombre»* señala el rango que ocupa. Para aclarar este punto, pensemos en el aspecto jerárquico que encontramos en Dios: Padre, Hijo, y Espíritu Santo. Los tres son un solo Dios, a la vez son tres personas. Dios el Padre siempre está en primer lugar, el Hijo en el segundo, y el Espíritu Santo en el tercero. A la vez el Padre no es superior al Hijo, ni el Espíritu Santo inferior a ambos. Todos son iguales en poder, justicia y santidad. Igualmente, indicar que la mujer procede del hombre (algo así como un segundo rango), no es asignarle un grado de *inferioridad* a ella, sino el lugar correcto que Dios le ha dado al lado del hombre.

La mujer fue hecha para el hombre (1 Co 11.9), por tanto ha de estar sujeta a su autoridad (1 Co 11.3), y eso para gloria de él (1 Co 11.7). Esta es la enseñanza bíblica que sale de este pasaje. Rebelarse contra esta intención divina equivaldría a que el Hijo de Dios se rebelara en contra de su Padre, o que el Espíritu Santo se rebelara en contra de su rango divino. Desaprobar los propósitos de Dios solo trae miseria y descontento.

No hay ninguna indicación en este pasaje de que Eva se quejó de su rol. Al contrario, tanto Adán como Eva estaban deleitados con su estado. Y Moisés, el autor del libro de Génesis, añade que todo hombre ha de encontrar supremo deleite con la mujer con quien se casa: *«Por tanto, el hombre dejará a su padre y a su madre, y se unirá a su mujer, y serán una sola carne».*

La última frase del capítulo añade otro aspecto del matrimonio: *«Estaban ambos desnudos, el hombre y su mujer, y no se avergonzaban».* Vivían en tan hermosa armonía que no tenían nada que esconder el uno del otro.

CONCLUSIÓN

David se detuvo a considerar la maravilla de nuestra creación, y afirmó:

«Cuando contemplo tus cielos, obra de tus dedos, la luna y las estrellas que tú has formado, digo: ¿Qué es el hombre, para que de él te acuerdes; y el hijo del hombre, para que lo visites? Lo has hecho un poco menor que los ángeles y le has coronado de gloria y de honra» (Sal 8.4–5).

En este segundo capítulo de Génesis, hallamos respuesta a esas preguntas básicas que nos hacemos: ¿De dónde venimos? ¿Para qué estamos aquí? ¿A dónde vamos? Dios amablemente nos relata, en términos simples pero llenos de sentido, que Él es nuestro Creador. Es responsable de nuestra existencia. Y se honra por habernos creado. Por eso estaban muy acertados los padres de la iglesia al declarar:

«¿Cuál es el fin principal y más noble del hombre?»

El fin principal y más noble del hombre es glorificar a Dios y gozar de Él para siempre (Ro 11.36; 1 Co 10.31; Sal 73.24–26; Jn 17.22,24).

Es al conocer estas verdades que comprendemos la importancia de:

- Nuestra esposa: Dios la hizo para quitar nuestra soledad, para estar a nuestro lado y ayudarnos a servirle, pues ella fue creada a imagen de Dios; por lo tanto, representa a Dios.

- Nuestros hijos: Debemos pasar tiempo con ellos, y enseñarles cómo vivir para que glorifiquen a Dios, pues son hechos a Su divina imagen.

- Cada persona: No importa que sea buena o mala, rica o pobre, viciosa o privilegiada, de igual o diferente raza, pues fue hecha a imagen de Dios y merece todo respeto y honor.

Dios nos enseña la suprema importancia de cada persona, no importa su raza, color de piel, nacionalidad, condición social o financiera, ni su forma de ser. Todo ser humano: hombre, mujer, niño, anciano, lleva en sí la estampa divina, la imagen de Dios. Reconociendo esta verdad comprendemos mejor el mandato de Cristo Jesús: «*Amad a vuestros enemigos, y orad por los que os persiguen; de modo que seáis hijos de vuestro Padre que está en los cielos, porque él hace salir su sol sobre malos y buenos, y hace llover sobre justos e injustos*» (Mt 5.44–45).

Hemos sido creados a imagen de Dios.

2

Eva, la tentación y la caída

2

*Eva, la tentación
y la caída*

M i amigo Roberto, hasta hace poco, ganaba una fortuna
anualmente. Fue dueño de una compañía que construía
apartamentos y edificios de oficinas. Vivía en un palacio y
tenía cuantas comodidades se podía comprar con dinero. Pero
lo inesperado ocurrió. La ciudad donde vivía y trabajaba pasó
por una crisis económica espantosa. De un día al otro, perdió
su compañía, su casa, sus autos y sus riquezas. Hoy trabaja
de cocinero en el Ejército de Salvación.

Aunque es trágico, la pérdida de mi amigo no es compa-
rable siquiera a lo que sucedió aquel triste día cuando Eva, en
desobediencia, tomó del fruto del árbol prohibido y lo com-
partió con su marido.

Dios le ordenó al hombre: *«Puedes comer de todos los
árboles del jardín; pero del árbol del conocimiento del bien
y del mal no comerás, porque el día que comas de él,
ciertamente morirás»* (Gn 2.16–17). Nuestros padres desobedecieron ese mandato. El resultado fue la desgracia que
todos conocemos.

De la luz bendita que emanaba del rostro amigable de
Dios, ahora se encontraban bajo las tinieblas horribles del que
vive con el divino enojo. De los maravillosos deleites del
paraíso edénico, ahora se encontraban manchados, cubiertos
de culpabilidad, y en un planeta inhóspito. De una vida llena
de abundancia y felicidad, ahora estaban exiliados, luchando
contra resistentes cizañas y dolorosos espinos. De un mundo

25

con una naturaleza indescriptible, ahora rodeados por un ambiente tenebroso y maldito.

Solo habría otra ocasión en la historia en que se vería semejante humillación: cuando el bendito Hijo de Dios abandonara la luz inaccesible de la gloria celestial para identificarse con esta humanidad manchada, perdida, y caída. Jesucristo dio ese paso, del cielo a la tierra, para abrazarnos, levantarnos del lodazal del pecado, limpiarnos, y llevarnos a su eterno paraíso.

LOS ÁRBOLES DEL EDÉN

EDÉN significa «deleite». Era un lugar perfecto, sin maldición ni pecado. Allí reposaba todo bajo la esplendorosa bendición y presencia de Dios, el magnánimo creador. Dentro de ese jardín estaba «el árbol del conocimiento del bien y del mal». Ahora, después de la caída, sabemos cuán grande era su potencial destructivo. Pero, al considerar su historia, nos preguntamos: ¿Por qué lo colocó Dios en un lugar tan bendito?

El árbol sencillamente simbolizaba la autoridad del Creador sobre su creación. La obediencia al mandato de no comer su fruto representaba el reconocimiento a su dependencia de Dios.

Cabe, entonces, la pregunta: ¿Era injusto pedirles un solo y simple requerimiento, a Adán y Eva, para que demostraran su lealtad y sumisión ante Aquel que los había creado? Por supuesto que no. Además, nos molesta pensar que Dios puso al hombre a prueba. Reconozcamos, sin embargo, que el origen de tal molestia es nuestro orgullo humano: queremos ser seres totalmente independientes de todo control, no importa cuál sea su origen.

Y ¿qué del otro árbol, el «árbol de la vida»? A nuestra estima, este tiene amplia cabida en el Edén, pues es sinónimo de todo aquello que nos parece bueno: vida, salud, alegría, abundancia, perpetuidad.

A Dios le pareció bien colocar ambos árboles en el Edén. Por tanto, inclinamos la cabeza en reconocimiento a Aquel que es Rey Soberano y que nunca se equivoca. Los dos árboles hablan de responsabilidad y del honor que se le debe al Creador que da vida, y tiene derecho de pedir lealtad y obediencia. A la vez, también son símbolos de autonomía y responsabilidad. Dios no creó al hombre para que fuese un títere indefenso y manipulado, sino un ser con libre albedrío:

«*Cuando contemplo tus cielos, obra de tus dedos, la luna y las estrellas que tú has formado, digo: ¿Qué es el hombre, para que de él te acuerdes; y el hijo del hombre, para que lo visites? Lo has hecho un poco menor que los ángeles y le has coronado de gloria y de honra. Le has hecho señorear sobre las obras de tus manos; todo lo has puesto debajo de sus pies: ovejas y vacas, todo ello, y también los animales del campo, las aves de los cielos y los peces del mar: todo cuanto pasa por los senderos del mar. Oh Jehová, Señor nuestro, ¡cuán grande es tu nombre en toda la tierra!*» (Sal 8.3–9).

¡Qué gran carga de responsabilidad tiene este libre albedrío! Y fue sobre este mismo punto que el tentador enfocó su estrategia nefasta: «*¿De veras Dios os ha dicho: No comáis de ningún árbol del jardín?*» (Gn 3.1).

EL TENTADOR, AUTOR DE TODA MALDAD

¿De dónde viene Satanás? La Biblia nos informa muy poco de su origen. Estudie los siguientes pasajes: Isaías 14.12–15, Ezequiel 28.12–19, y Lucas 10.18. Muchos comentaristas bíblicos creen que el pasaje de Isaías 14.12–20 tiene doble aplicación: a) al Rey de Babilonia: b) más específicamente al «*príncipe de la potestad del aire*» (Ef 2.2). Por ejemplo, la Biblia de estudio de Harper Caribe dice acerca de este texto:

En este pasaje (14.12) se emplea el título *Lucero* (o *Lucifer*). Es una mofa dirigida por los habitantes del Seol al rey de Babilonia (v. 4), pero la desmesurada ambición del que desafía a Dios (expresada en los vv. 13,14), supera a cuanto pudiera ponerse en boca de un ser humano, aun hiperbólicamente. Jamás rey humano alguno aparece en la

27

literatura semita antigua, ni hebrea ni pagana, haciendo alarde de establecer su trono sobre las alturas de las nubes como el Dios Altísimo. Por lo tanto, en este pasaje es posible ver al humano rey de Babilonia como instrumento en la mano del mismo diablo, quien le ha dado poder y lo ha dirigido en su oposición al pueblo y a la causa de Dios.

Satanás es un ser creado, un arcángel poderoso que se rebeló contra Dios (1 P 5.8). El hecho de haber sido creado indica la limitación de su poder. Él no es todopoderoso ni eterno, ni está al mismo nivel del Trino Dios.

¿Qué hace el tentador? Entre lo mucho que se puede decir de sus actividades, destacan dos: a) Procura destruir lo que Dios ha hecho (véase Is 14.17). b) Tienta al hombre a rebelarse contra Dios (Gn 3.1–5; Mt 4.1–11).

¿Cómo lo hace? Se disfraza: nunca muestra su persona diabólica (2 Co 11.14). Aquí, en Génesis capítulo tres, se apodera de «la serpiente», *«que era el más astuto de todos los animales del campo»*, para que Eva no pudiera sospechar de sus intenciones malvadas. Es así que, para avanzar con sus planes destructores, se aprovecha del engaño y la mentira (Jn 8.44; Gn 3.1–5).

LA TENTACIÓN

La pregunta que la serpiente (Satanás encarnado en la criatura) le hace a Eva no ha perdido vigencia. Hasta el día de hoy el hombre —ayudado por las sugerencias subversivas del diablo— cuestiona el derecho de Dios de hacer demandas y establecer leyes. Nuestra especulación sobre lo que Dios ha dicho, o no ha dicho, es la esencia de nuestro pecado. Nos encanta decir: «¡Vivo por gracia, no por la ley!», como si las demandas de Dios, y su ley moral (los Diez Mandamientos, el Sermón del Monte, etc.) fueran odiosas, órdenes sin razón y sin vigencia. No queremos que nadie —ni el mismo Dios— nos dicte cómo vivir o qué hacer.

La semilla del pecado comenzó a crecer en el corazón de Eva cuando ella cuestionó tanto el carácter como el derecho de Dios al poner esa fruta en el paraíso.

Como maestro de la Biblia, me he preguntado un sinnúmero de veces: ¿Fue necesario que comieran Adán y Eva de ese árbol? La respuesta siempre es: ¡Mil veces no! El árbol fue puesto allí para probarlos, prueba esencial para su desarrollo espiritual como seres autodeterminantes. Habiendo recibido de Dios el derecho de tener dominio sobre los animales, no tenían por qué prestarle atención a las directrices de esa serpiente que se acercó para tentarlos. Si hubieran ejercido ese dominio, ¡cuánta miseria nos habrían evitado! Pero, comieron de la fruta prohibida, desobedecieron a Dios.

LA CAÍDA

Ahora surgen al menos dos preguntas:

1. ¿Por qué comieron?

Vienen a la mente tres respuestas: a) infidelidad, b) rebeldía, y c) orgullo. **Infidelidad,** porque la orden de Dios había sido muy clara. Además, Él no les dio motivo para que dudaran de su carácter; el Señor siempre fue fiel a su palabra, bondadoso en sus acciones, amoroso en su trato. **Rebeldía,** porque, especialmente en el caso de Adán, tomó de la fruta consciente de lo que hacía (1 Tim 2.14); desafiando, deliberadamente, el mandato de Dios. **Orgullo,** porque el acto de desobediencia daba a conocer su predisposición. La serpiente les prometió: «*Seréis como Dios*». Tanto Adán como Eva comenzaron a decirse: «*Subiré sobre las alturas de las nubes y seré semejante al Altísimo*» (Is 14.14). No estaban satisfechos con su estado natural.

¿Por qué pecamos? ¡Por las mismas tres razones!

2. ¿Cuáles fueron las consecuencias?

Dios le dijo: «*El día que de él comieres, ciertamente morirás*». Recuerdo a un pastor en Lima, Perú, que me reclamó: «Pero, Adán y Eva no murieron; dice más bien que Adán vivió 930 años...»

A veces pensamos en la muerte solo en términos de un ataúd y un hueco en la tierra. Hay que reconocer que tiene una aplicación mucho más amplia. Tal como mi amor hacia alguien puede «morir» sin que yo sea enterrado, de igual forma la relación del hombre con Dios puede inmediatamente «morir» a consecuencia del pecado de desobediencia. Es así que Dios cumplió su palabra, como lo había declarado. El día que comieron del fruto prohibido murieron en cuanto a su relación con Dios. Lo que tenemos que comprender es el cómo de esa muerte.

EL SIGNIFICADO DE «MUERTE» EN GÉNESIS 3

Examinemos lo que comprende la frase *«el día que de él comieres, ciertamente morirás»*. En el instante en que Eva apretó entre sus dientes la fruta prohibida, «murió». Murió respecto a Dios, es decir, la palabra «muerte» se usa de forma figurativa para describir la separación drástica que ocurrió entre ella y su Creador. Pero, como veremos, esa muerte también afectó la relación con su esposo y con la naturaleza que la rodeaba. Fíjese en la evidencia provista en el tercer capítulo de Génesis.

Su primer acto fue llevarle la fruta a su marido, pues, no satisfecha con su propia desobediencia, perversamente se apresuró a sumir a su marido en la misma desobediencia. ¡Qué falta de amor muestra ésta, que pocos minutos antes era la amorosa compañera del hombre! Pero ahora, que pecó, es otra. Se convirtió en una seductora. Así que leemos esas terribles palabras: *«Y dio también a su marido»*.

Sin embargo, no pensemos en Adán como la inocente víctima de las estrategias de una mujer hermosa. Cuando él vio la fruta en la mano de Eva, sabía lo que era. Como nos recuerda el apóstol Pablo, *«Adán no fue engañado»* (1 Tim 2.14). Él tomó de la fruta y comió deliberadamente —un acto desafiante, orgulloso— declarando su independencia de Dios.

Veamos en el mismo texto las evidencias de esa «muerte» espiritual en cuanto a Dios. (A cada evidencia le daremos un número.) Dice:

«Y fueron abiertos los ojos (1) de ambos, y se dieron cuenta de que estaban desnudos (2). Entonces cosieron hojas de higuera, y se hicieron ceñidores (3). Cuando oyeron la voz de Jehová Dios que se paseaba en el jardín en el fresco del día, el hombre y su mujer se escondieron (4) de la presencia de Jehová Dios entre los árboles del jardín. Pero Jehová Dios llamó al hombre y le preguntó: ¿Dónde estás tú? Él respondió: Oí tu voz en el jardín y tuve miedo (5), porque estaba desnudo. Por eso me escondí. Le preguntó Dios: ¿Quién te dijo que estabas desnudo? ¿Acaso has comido del árbol del que te mandé que no comieses? El hombre respondió: La mujer que me diste por compañera, ella me dio del árbol, y yo comí (6). Entonces Jehová Dios dijo a la mujer: ¿Por qué has hecho esto? La mujer dijo: La serpiente me engañó, y comí (7)» (Gn 3.7–13).

1. **Ojos abiertos**: ¿Será que andaban ciegos en el huerto? De ninguna manera. Habían perdido, como dice un comentarista, «esa bendita ceguera que produce la ignorancia de la inocencia».

2. **Conciencia de su desnudez**: En su inocencia no se escondían nada el uno al otro. Ahora se ven en su nueva naturaleza, y el descubrimiento de su desnudez espiritual les hace avergonzarse.

3. **Vestidos de hojas**: Procuran taparse, porque sienten vergüenza de lo que son ahora. Perdieron su inocencia.

4. **Huida de Dios**: El sentimiento de culpa por su desobediencia los agobia y les hace esconderse del mismo Dios en el que antes se deleitaban.

5. **Temor**: Es impresionante ver que lo que motiva su temor no es el pecado cometido, sino la vergüenza que sienten por su desnudez: *«Tuve miedo, porque estaba desnudo»*. Dios

tiene que preguntarles: *«¿Acaso has comido del árbol del que te mandé que no comieses?»*, para apuntar a su pecado.

6. **Disculpa del hombre:** No siente, al parecer, pesar por su pecado. Irresponsablemente culpa a la mujer, aquella en la que antes se había gloriado (*«¡carne de mi carne y hueso de mis huesos!»*), y a Dios por haberla creado (*«la mujer que tú me diste»*).

7. **Excusa de la mujer:** Acusa a la serpiente; no reconoce su propia responsabilidad.

La manera en que actuaron Adán y Eva evidenció que algo trágico les había sucedido. Cayeron de la perfección en la que fueron creados. Ahora se ven cambiados, trastornados, víctimas de un nuevo tipo de ceguera.

EL PECADO ORIGINAL

Todos podemos identificarnos con Adán y Eva, pues salimos manchados por el simple hecho de ser descendientes de esa primera pareja. Esta mancha se designa teológicamente como «pecado original». Esta frase se aplica, no solo al hecho del primer pecado cometido por los seres humanos, sino a todo descendiente de Adán y Eva que heredó esta corrupción moral —tendencia innata de la voluntad al mal. Se llama «original» porque se deriva de Adán, nuestro padre, raíz de la raza, por el cual pasa de generación a generación. «Original» porque da origen a todo acto pecaminoso.

Esta raíz se manifiesta en dos aspectos: 1) La pérdida de aquella justicia original que disfrutaron Adán y Eva antes de pecar (es decir, nadie nace en inocencia al igual que Adán y Eva cuando fueron creados); y 2) La presencia activa de prácticas y hechos injustos, o pecaminosos en todos. Dondequiera que vemos hay evidencia tras evidencia de la maldad innata en el corazón de cada ser humano.

Sin embargo, tú y yo no nos vemos malos, aunque hacemos el mal porque, como nos dice San Pablo, *«El dios de este siglo* [Satanás] *nos ha cegado el entendimiento»* (2 Co 4.4). El pecado ciega. E igual que Adán y Eva, ¡cuántos hay que vagan por el mundo **ciegos** en cuanto a su condición, **muertos** en sus delitos y pecados! No reconocen su responsabilidad. Culpan a otros por todo lo que hacen (véanse 1 Co 2.14; 2 Co 4.4; Ef 4.18; Col 1.21).

SEPARACIÓN DE DIOS EQUIVALE A MUERTE

Nuestros primeros padres vivían bajo el favor de Dios, disfrutando de todos los beneficios con que los había rodeado. Sin embargo, al desobedecer sufrieron un cambio increíble. Fueron echados de la presencia de Dios, expulsados del Edén. Como dice el profeta Habacuc acerca de Dios: *«Eres demasiado limpio como para mirar el mal»* (1.13). Dios se separó de ellos porque pecaron. Como les había advertido: «*el día que comas de él, ciertamente morirás*» (Gn 2.17). Adán comió, y, como nuestro padre que es, nos impartió la misma condena: separación de Dios a cuenta de nuestra relación con él.

San Pablo dice: *«Por la ofensa de aquel uno murieron muchos»* (Ro 5.15). *«Por la ofensa de uno reinó la muerte»* (v. 17). *«La ofensa de uno alcanzó a todos los hombres para la condenación»* (v. 19). *«En Adán todos mueren»* (1 Co 15.22). *«Porque todos pecaron y no alcanzan la gloria de Dios»* (Ro 3.23).

Es así que a través de la Biblia la palabra «muerte», en este sentido figurativo de separación de Dios, se usa para describir la condición espiritual de la humanidad que no ha venido al arrepentimiento y al conocimiento de Dios (véanse Dt 30.15; Jer 21.8; Ez 18.21ff, 31f; Lc 15.24; Jn 5.24; 8.51; 11.25; Ro 5.12–21; 1 Co 15.21; Ef 2.1, 5; Col 2.13; nótese que en Hebreos 6.1 y 9.14 se declara que aun las obras de justicia del hombre sin Dios son «muertas», y Santiago 2.17, 26 va un paso más allá para indicar que la «fe» de ellos es una fe muerta, si no se da a ver en una manifestación de vida visible).

LAS PROMESAS DE PERDÓN Y RESTAURACIÓN

A través de las edades los comentaristas bíblicos han apuntado a Génesis 3.15 como el *«protoevangelio»*. *Proto* quiere decir «primero», así que apuntan a este texto como conteniendo el primer anuncio de perdón y restauración para el hombre caído:

«Y pondré enemistad entre ti y la mujer, y entre tu descendencia y su descendencia; ésta te herirá en la cabeza, y tú le herirás en el talón».

Por la manera en que Dios se dirige a la serpiente, se entiende que habrá «enemistad» entre los que la siguen a ella y los que siguen a la «simiente» de la mujer, es decir, a Jesús. El Hijo, descendiente de la mujer (María), le daría un golpe destructor (heriría en la cabeza) a la serpiente, mientras que ésta heriría en el talón a Jesús, significando la cruz. La herida sufrida por Jesús sería momentánea (en el talón), ya que resucitaría de entre los muertos para dar perdón y vida a los que en Él creyeran. La herida sufrida por Satanás (en la cabeza) significaba que, a causa de la muerte de Jesús por los pecadores, el poder de Satanás sobre los hombres sería vencido, y Satanás y su simiente serían destinados al infierno eterno (Ap 20.10).

LAS CONSECUENCIAS SUFRIDAS POR LA MUJER

Luego de condenar y maldecir a la serpiente, Jehová Dios se dirige a la mujer: *«Aumentaré mucho tu sufrimiento en el embarazo; con dolor darás a luz a los hijos. Tu deseo te llevará a tu marido, y él se enseñoreará de ti»* (Gn 3.16).

Aparentemente, antes de la caída, la mujer al dar a luz a sus hijos no hubiera sufrido dolor. Ese dolor (la palabra implica *miseria*) le viene a toda mujer ahora, como consecuencia del pecado de Eva. Es más, ese dolor lo carga la mujer por sus hijos toda su vida. ¿Cuál madre puede olvidarse de sus hijos?

Entonces Dios le añade un «deseo» (y aquí la palabra implica un anhelo morboso, insano) muy particular hacia su marido. Para decirlo de otra manera, la mujer se enamora locamente de su hombre. Este puede tratarla despectivamente, insultarla, abusar de ella, hasta golpearla, y ella continúa amándolo (eso es lo que vemos casi a diario). ¿Por qué? En primer lugar, es algo que Dios ha puesto en la naturaleza de la mujer a consecuencia de la caída. En segundo lugar, este «deseo» de la mujer es lo que le da adhesión, vinculación, y apego al hogar. Dios usa esta naturaleza femenina, junto con el «dolor» ya mencionado, para cohesionar la célula más importante de la sociedad.

Por último, Dios le dice a la mujer: «... *él se enseñoreará de ti*». La implicación es que antes de la caída había un consorcio de igualdad. Ahora que han caído, Dios impone un orden jerárquico en la familia, y hace al hombre «*cabeza de la mujer*» (Ef 5.23).

LAS CONSECUENCIAS SUFRIDAS POR EL HOMBRE

Al hombre le dijo: «*Porque obedeciste la voz de tu mujer y comiste del árbol del que te mandé diciendo: No comas de él; sea maldita la tierra por tu causa. Con dolor comerás de ella todos los días de tu vida; espinos y cardos te producirá, y comerás plantas del campo. Con el sudor de tu frente comerás el pan hasta que vuelvas a la tierra, pues de ella fuiste tomado. Porque polvo eres y al polvo volverás*» (Gn 3.17–19).

Dios le impone al hombre —por obedecer la voz de la mujer, y no la Suya—, las siguientes consecuencias:

- Maldice a la tierra
- Hace difícil la tarea de suplir las necesidades indispensables para la vida
- Añade obstáculos para lograr sus anhelos y objetivos
- Endurece la lucha en todo lo que hace el hombre
- Enfatiza el hecho de que sufrirá la consecuencia del pecado hasta la muerte

Estos castigos obligan al hombre a reconocer sus limitaciones (no es un ser independiente, como lo es Dios). Ganarse la vida con el sudor de su frente, luchar duramente contra uno y otro obstáculo, lo lleva a reconocer su condición de dependencia y necesidad. Si todo le fuera fácil y cómodo en esta tierra, ¿cuál hombre buscaría a Dios?

LA NECESIDAD DE UN SALVADOR

Lo que parece a primera vista una maldición —tanto para la mujer como para el hombre— ahora se ve como bendición. Dios da el dolor y el sufrimiento como instrumento divino para hacer que toda persona reconozca su condición real. Es pecador, y como tal, sufre las consecuencias. Pero es más, el mismo castigo sirve para incentivar al hombre a buscar remedio en Dios.

En su carta a los Romanos (8.20–27), Pablo habla de tres gemidos:

- El gemido de la creación: maldecida por la caída del hombre
- El gemido del hombre: condenado a dolor y sufrimiento mientras viva
- El Espíritu Santo: empatizando con nosotros con «gemidos indecibles»

Todos estos gemidos vienen a causa del castigo sufrido por la caída del hombre. Gime la naturaleza, por no ser lo que era antes. Gime el ser humano, por la pena de dolor impuesta. Gime el Espíritu Santo, al ver la naturaleza desfigurada y al hombre amontonando pecado sobre pecado. Tres gemidos que seguirán buscando alivio y solución hasta aquel día cuando regrese el Señor Jesucristo para crear un *«cielo nuevo y una tierra nueva»* (Ap 21.1).

A la vez, Dios, por su infinita gracia, provee el camino de salvación. Ese camino se descubre en Génesis 3.15, la bendita simiente de la mujer, el Cordero de Dios, por cuya muerte el hombre caído encuentra el perdón de sus pecados y derecho a entrar a un *«cielo nuevo y una tierra nueva»*.

LOS PRIMEROS PASOS A UNA RESTAURACIÓN

Aunque el capítulo tres termina con la expulsión de Adán y Eva del huerto, antes de contar ese triste acontecimiento nos muestra dos interesantes sucesos.

«El hombre llamó el nombre de su mujer Eva, porque ella sería la madre de todos los vivientes. Luego Jehová Dios hizo vestidos de piel para Adán y para su mujer, y los vistió» (Gn 3.20–21).

El primero es el nombre que Adán le da a la mujer: Eva. Al darle ese nombre tan significativo comprendemos que Adán entiende el profundo sentido de la promesa de Jehová Dios: que por la *«simiente de la mujer»* enviará al Salvador. Adán y Eva abrazan la promesa y por su fe encuentran el bendito perdón de su pecado.

El segundo evento es el nuevo vestido que Dios les da. Para vestirlos de pieles, Dios toma la vida de unos animales. En este acto vemos el comienzo de los sacrificios. Ya, en el mismo lugar donde habían desobedecido a Dios, descubren el medio por el cual se encuentra el perdón. La muerte de esos animales anticipa, a la vez que ilustra, la muerte del Cordero de Dios. Ahora, por virtud del derramamiento de sangre, tienen nuevas vestiduras. Como diría más tarde Pablo a los colosenses: *«Despojado del viejo hombre con sus hechos* [nuestras hojas de higueras] *y revestido del nuevo, el cual conforme a la imagen del que lo creó se va renovando hasta el conocimiento pleno»* (Col 3.9–10).

Es bueno recalcar lo dicho antes para tener presente el valor del sacrificio de Cristo: A partir de este evento en el Huerto de Edén, vemos el comienzo de los sacrificios de animales, que por todo el Antiguo Testamento simbolizan al Hijo de Dios dando su vida por nosotros los pecadores.

3

Hechos
a la imagen de Dios

3

Hechos a la imagen de Dios

La Biblia nos indica que Dios nos creó a Su imagen y a Su semejanza (palabras que se usan intercambiablemente, la última explicando a la primera). Si Dios nos hizo como Él, y Él es perfecto, el primer hombre y la primera mujer tienen que haber sido perfectos también. Pero, ¿cómo hemos de entender la idea de «imagen»?

Cuando Dios creó al hombre y a la mujer los creó seres racionales, con almas inmortales, dotados de conocimiento, justicia, y verdadera santidad, y con capacidad para tener dominio sobre los animales. Los creó con Su carácter grabado en sus corazones y con la habilidad innata para obedecerle. A la vez les dio libertad, con la posibilidad de transgredir sus mandatos, ya que los hizo seres libres o autodeterminantes.[1]

Por «imagen y semejanza» con Dios entendemos que nuestros padres, Adán y Eva, fueron creados perfectos en su ser, en su naturaleza, y en sus conocimientos (Col 3.10), y en justicia y santidad (Ef 4.24).

Adán tenía la capacidad de poder comunicarse inteligente y directamente con el omnisciente Dios (Gn 2.16, 17; 3.8–10). La mujer también es mostrada con la capacidad de hablar y razonar con inteligencia (Gn 3.1–6; 4.1). Por esa perfección de su creación, Dios pudo culparlos plenamente por desobedecerlo. Al comer de la fruta prohibida, sabían perfectamente lo que hacían, como veremos en el próximo capítulo.

Nosotros, por ser hijos de Adán y Eva, también nos parecemos a Dios —y Dios a nosotros. Tal realidad nos hace pensar. Si tú y yo retenemos cierto parecido con Dios, ¿será Dios un ser temible, vacilante, y hasta malo como lo somos nosotros? O, al contrario, si Dios es bueno y perfecto y santo, ¿nos pasó algo a nosotros para distanciarnos de Él, ya que no somos buenos ni santos?

La pregunta consecuente es: ¿Qué nos pasó? Si en realidad llevamos la imagen de Dios, y Él es perfecto, ¡algo hemos perdido, pues tú y yo somos muy imperfectos! ¿Cómo pues podemos interpretar la imagen de Dios en nosotros? ¿Dónde está? Si hemos perdido el todo o por lo menos algo de esa imagen divina, ¿qué hemos perdido? ¿Habrá manera de recuperar la totalidad de esa imagen con que fueron dotados nuestros primeros padres?

Como hemos leído, la raza humana se originó de un creativo acto especial de Dios (Gn 1.26, 27; 2.7). El hombre fue creado después de todas las otras obras de Dios, y desde aquel acto final divino no ha habido ninguna otra especie añadida a este globo terrestre. Además, la narración de los actos creadores de Dios (como se presentan en Génesis 1 y 2), nos da a entender que el hombre en sus cualidades intelectuales, morales, religiosas, y en su capacidad para crear su propio progreso, es asombrosamente distinto de los animales. Aun los que niegan la existencia de Dios conceden que hay un abismo casi infinito que separa a un hombre de un animal.

Podemos añadir que el hombre, tal como lo indica la Biblia y se demuestra en la historia, es un ser destinado a ejercer dominio. Esto lo vemos en la política, en el comercio, en el mismo hogar. Tal como lo indica Génesis 1.27, el hombre ejerce dominio sobre todas las criaturas y la naturaleza. La superioridad humana sobre los animales y el resto de lo creado es demostrable (Sal 8.6–8). El hombre, pues, no puede ser meramente un producto de la misma naturaleza, como reclaman las teorías evolucionistas. Si la naturaleza lo formó, el hombre es inferior a la naturaleza por el mismo hecho de haber sido formado por ella. Si el hombre es superior a la naturaleza, como es evidenciado por su control sobre ella, por necesidad tiene que haber tenido un origen aparte de la naturaleza.

Somos «criaturas de Dios,» enseña la Biblia. Ese hecho conlleva parentesco con Dios y nos hace especiales. Aunque hay aspectos de la imagen y semejanza con Dios que hemos perdido, todavía retenemos características importantísimas. Por ejemplo, vemos en la historia de la humanidad que Dios actúa en formas especiales para castigar, para proteger, o para bendecir a la humanidad.

Todo el fascinante relato del plan de redención del hombre muestra que este es algo muy superior al resto de la creación. Sobre todo, tanto la historia de la humanidad, como los relatos de la Biblia muestran que somos objetos especiales del cariño y cuidado de Dios. También, al observar el carácter humano —su conducta y apego a lo moral, su religiosidad y hábitos intuitivos— tenemos que concluir que el hombre tiene un parentesco con Dios. Tal como indica la Biblia, es una criatura especial. Todo ello da fe de la imagen de Dios que aún retenemos.

El tema de la imagen de Dios en nosotros nos intriga a todos. ¿Qué nos dicen los teólogos, los estudiosos? A través de las edades se han dado docenas de respuestas a estas preguntas sobre la imagen de Dios. Las más conocidas pueden resumirse en cuatro perspectivas:

A. La imagen se entiende en términos de capacidad moral

Esta interpretación es la que enseña la Iglesia Católica Romana.[2] Puesto que vivimos en un ambiente católico, es muy importante que la comprendamos, pues el efecto de esa enseñanza influye en el pensamiento y conducta de todos.

Primero: Esta iglesia enseña que Adán y Eva fueron creados moralmente neutros. Esto es, no fueron creados buenos, ni fueron creados malos. Su cuerpo y alma estaban sin pecado, ya que fueron creados en perfecta inocencia. No tenían vicios ni defectos en sus cuerpos y almas. Sin embargo, fueron creados con apetitos que podían conducirles a pecar, pero sus facultades de razonamiento les alertaba de las consecuencias. A su vez, *no tenían en sí la fuerza moral para controlar sus apetitos perversos*, apetitos que en verdad no eran pecado. Tal apetito es llamado concupiscencia; no pecado, sino el combustible que puede ocasionar el pecado.

Segundo: Dios, para prevenir el pecado, intervino y les dio lo que llaman un *donum supernaturalis* (un don dado por encima de lo recibido naturalmente). Se explica así: Por faltarles fuerza para resistir el mal, Dios les dio una medida adicional de gracia, a la cual ellos podían acudir para recibir toda la *fuerza* necesaria para vivir como les correspondía.

Tercero: ¿Qué perdieron en la caída? No perdieron su condición de inocencia moral; perdieron esa *donum supernaturalis*, es decir, la gracia que les daba poder sobre sus inclinaciones normales. El hombre, enseñan los católicos, nace con «inocencia moral»: no es ni bueno ni malo. Llega a ser o «bueno» o «malo» por la conducta que escoge. Ya que desde la desobediencia de Adán y Eva nace sin gracia, tiene que luchar fuertemente para hacer obras que Dios acepte.

El pecado, entonces, es un lapso —una falta— moral, una consecuencia de su condición de debilidad. Al comer Adán y Eva de la fruta prohibida, rechazaron la influencia especial de esa gracia divina, y fueron reducidos a vivir controlados por sus apetitos carnales. Para ser «salvados» de esa «caída», ahora necesitan no sólo del perdón de Dios sino de una nueva fuente de gracia especial.

Cuarto: ¿Cómo se recupera ese *donum supernaturalis*? La iglesia, por medio de los sacramentos, provee esa gracia, haciendo posible que los pecadores logren poseer la justicia que el santo Dios demanda. Resumen: La consecuencia de tal creencia es que el hombre, por ser moralmente neutro —ni bueno, ni malo—, puede escoger ser malo o bueno. El pecar no es innato, ni inevitable, ya que el hombre escoge lo que quiere hacer. Las buenas obras, junto con la gracia expedida por esa IGLESIA, contribuyen a su salvación. Pero aun más significativo, la muerte de Cristo figura solamente como la base para el perdón, y nada más. Esa muerte no es en esencia sustitutiva, ni la única provisión de Dios para salvación de los pecados. La *iglesia*, junto con el esfuerzo humano, son igualmente importantes para la *salvación*.

B. La imagen se entiende en términos de *dominio* y *representación*

Algunos teólogos, apegados al movimiento ambientalista moderno, toman a Génesis 1.27–28 como base para su concepto de la imagen de Dios *en el hombre*: «Hagamos al hombre a nuestra imagen, que gobierne y tenga *dominio*...» Ven una relación entre «dominio» e «imagen». Para ellos es obvio que la relación entre «imagen» y «dominio» en el texto aclara lo que es «la imagen» de Dios en nosotros. Enseñan que la imagen se limita a la obligación de ejercer *dominio* sobre la creación como *representantes* de Dios.

El deber humano, entonces, es reflejar «la imagen de Dios». Esto se logra al actuar en nombre de Él y a favor de la naturaleza y todo lo creado. *Ejercer autoridad y dominio sobre lo creado* es la manera en que propiamente exhibimos esa imagen.

Maneras en que lo hacemos: 1. Manteniendo la pureza de la naturaleza. 2. Controlando la "polución" (o contaminación) que está destruyendo nuestro planeta. 3. Protegiendo los animales, árboles, ríos, mar, etc.

Resumen: Como podemos ver, este concepto reduce a un mínimo el amplio sentido bíblico de lo que es la imagen de Dios en nosotros. Llega a ser sólo un deber, una obra, una responsabilidad, y no propiedades de nuestra personalidad que reflejen al Ser divino.

C. La imagen se entiende en términos de virtud moral

Martín Lutero fue el que elaboró esta interpretación de la imagen de Dios. Se basó en dos enseñanzas bíblicas: Efesios 4.22–25 y Colosenses 3.9–10.

Dice Efesios 4.22–25: «*En cuanto a su antigua manera de vivir, deshágdnse ustedes de su vieja naturaleza que está corrompida, engañada por sus malos deseos. Ustedes deben renovarse en su mente y en su espíritu, y revestirse de la nueva naturaleza, creada según la voluntad de Dios* [a imagen de Dios] *y que se muestra en la vida recta y pura, basada en la verdad.*»

Colosenses 3.9–10 enseña: «*No se mientan los unos a los otros, puesto que ya se han librado de su vieja naturaleza y de las cosas que antes hacían, y se han revestido de la nueva naturaleza: la del nuevo hombre, que se va renovando a imagen de Dios, su Creador, para llegar a conocerlo plenamente.*»

Explicaba Lutero que el hombre, cuando fue creado, recibió «virtudes morales excelentes» —como las de Dios— que representan la «imagen de Dios». Al pecar, el hombre perdió la «imagen de Dios», esa cualidad de excelencia moral. Su entendimiento fue entenebrecido. Su disposición tornó hacia el pecado y no a la santidad. Finalmente, su comportamiento llegó a ser pecaminoso en lugar de justo.

Enseñaba Lutero que la imagen perdida se recobra por el acto de regeneración y la obra santificadora del Espíritu Santo. El pecador, al venir a Cristo Jesús, recupera la imagen de excelencia moral perdida en la caída.

Resumen: La objeción principal al concepto de Lutero —que el hombre al pecar perdió la imagen de Dios— es que limita demasiado al hombre como creación especial. No aprecia la totalidad de la grandeza de la creación del hombre. La imagen se reduce sólo a la conducta o a lo moral, sin tomar en consideración otras características en el ser humano que reflejan la persona de Dios, por ejemplo, lo intelectual del hombre y su capacidad creativa, evidentes aun en los que niegan a Dios.

D. La imagen se entiende en términos de personalidad

Varios teólogos evangélicos enseñan que esta explicación de la «imagen de Dios» en el hombre se encuentra al definir lo que es ser «persona». Tanto Dios como el hombre poseen cualidades especiales que les distinguen de todo aquello que es impersonal. Para ilustrar esta similitud se puede usar el proceso común de hacer copias de un documento. Se lleva el original a una fotocopiadora y sale una reproducción «semejante» al original.

Al definir esta posición se aclara:

1. Lo que distingue a Dios del hombre

En ciertos aspectos el ser humano se parece a Dios, en otros hay una diferencia abismal. Se entiende esta diferencia por los atributos incomunicables de Dios:

- Su omnipotencia
- Su omnisciencia
- Su omnipresencia
- Su inmutable existencia (no cambia; es igual hoy, ayer, y por los siglos)

2. Similitudes del hombre con Dios

El humano se parece a Dios en lo interno, no en lo externo. No es en el cuerpo, sino en aquello que no es material. Se entiende esta similitud a través de los atributos comunicables:

- capacidad intelectual (seres racionales)
- libertad moral (seres volitivos)
- habilidad para amar (seres personales)

- sentimientos (seres emotivos)

3. Textos bíblicos usados para afirmar esta interpretación:

Génesis 5.1–3: (describe al hombre en su caída): «*...Cuando Dios creó al hombre, lo hizo a su imagen; los creó hombre y mujer, y les dio su bendición. El día en que fueron creados, Dios dijo: Se llamarán hombres [no dioses]. Adán tenía 130 años cuando nació su hijo, al que llamó Set, y que era parecido a él en todo.*»

Génesis 9.6: «*Si alguien mata a un hombre, este ha de ser matado, pues el hombre ha sido creado a imagen de Dios.*»

1 Corintios 11.7: «*El hombre no debe cubrirse la cabeza, porque él es imagen de Dios y refleja la gloria de Dios.*»

Santiago 3.9: «*Con la lengua lo mismo bendecimos a nuestro Dios y Padre, que maldecimos a los hombres creados por Dios a su propia imagen.*»

Evaluación

Para mí, las dos últimas interpretaciones tienen gran valor. Dios no sólo es un ser PERSONAL, también es un ser MORAL. No creo que se pueden dividir estos dos aspectos, ni en Dios ni en el hombre, puesto que ninguno es neutro. En la caída (*cosa que no fue un mero resbalón, sino un desastroso descenso*), el hombre perdió terriblemente lo que fue la plena imagen que tuvo al principio. La pérdida fue tan grande que es como si hubiera perdido todo de esa bendita imagen. Ciertamente perdió su parentesco con Dios en su conducta. Aunque por cierto, retuvo importantes características de personalidad, como se ha mencionado, el pecado distorsionó toda su naturaleza.

Como Lutero, creo que el nuevo nacimiento es el comienzo de un proceso de restauración de esa imagen perdida, que la Biblia llama «santificación», proceso que llegará a su total perfección cuando lleguemos al cielo, donde nuestra restauración será completada.

Este análisis de las cuatro interpretaciones principales de la imagen de Dios en nosotros es sumamente importante, pues al ver al primer hombre en Edén en su perfección, y ver al hombre hoy en cualquier parte del mundo, tenemos que reconocer que algo trágico pasó. Hay un abismo entre esto y el ideal y el potencial que debiera ser el hombre. Hoy somos una caricatura de esa imagen que poseyó Adán. Nos damos cuenta de que retenemos virtudes que a veces nos hacen parecer como dioses. A la vez, una ligera mirada a un diario nos revela que, en más maneras de las que quisiéramos admitir, actuamos más como diablos que como Dios.

Pero quisiéramos alcanzar la realidad de nuestro potencial. Es así que el mensaje de la Biblia nos llega como bálsamo a un enfermo. Primero, nos explica quiénes somos y cómo llegamos a ser. Segundo, nos contesta esa gran interrogante acerca de qué nos pasó. Más importante aun, no nos deja en un callejón sin salida, más bien Dios nos presenta el maravilloso remedio para nuestra dolencia.

Todo esto lo trataremos en los capítulos que siguen.

---

1. *Catecismo Mayor de Westminster*. Publicaciones El Faro, México, pregunta 17.

2. *Concilio deTrento*, Pt.2. cap. 2, p.19, p.42, y Pt.4; y cap. 7, p. 3

4

El hombre: un ser contaminado

4

El hombre: un ser contaminado

Si decimos que no tenemos pecado, nos engañamos a nosotros mismos y la verdad no está en nosotros.

1 Juan 1.8

PARTE I

Hay un cómico americano, Flip Wilson, que presenta un acto en que se viste de mujer y se llama Geraldine. La trama que representa siempre es picaresca. En una de esas ocasiones, Geraldine se compró un vestido rojo, que le quedaba apretado como guante. Sabía que se veía muy «sexy». Pero la conciencia, como si fuera un ángel condenador, no la dejaba quieta:

—¿Por qué compraste ese vestido? —le preguntó.

—¡El diablo me obligó a hacerlo!

—¿Por qué no le dijiste: «Ponte detrás de mí, Satanás»?

—¡Se lo dije! Pero al verme desde atrás me dijo: ¡Qué linda te ves desde aquí, Geraldine!

Bien pudiera haber dicho Eva lo mismo: «¡El diablo me hizo comer de la fruta!» Al pensar en la desobediencia de nuestros primeros padres, ¿tiene Satanás toda la culpa? Y al meditar en nuestro propio pecado, ¿a quién culpamos? «¡El diablo me obligó a hacerlo!» decimos. Nuestra tendencia natural es protegernos de culpabilidad y buscar a otro que

53

lleve la condena. Además del diablo, los otros a quienes más acusamos son Adán y Eva (¡y con mucha razón por lo que hicieron!). Pero escapar de nuestra propia culpa no nos es tan fácil. Aunque no nos guste pensar en el lado oscuro de nuestra naturaleza, es algo que tenemos que reconocer. Nos creemos seres buenos. Oí a un comentarista decir por televisión: «Tenemos que confiar en el hombre, pues hay más de bueno en él que de malo.» ¿Será cierto? ¿Qué si invertimos el dicho para decir: Hay más de malo en el hombre que de bueno? ¿Cuál de los dos pensamientos será verdad?

Resultaría mucho más agradable tratar las gracias y excelencias de nuestra humanidad que tratar el tema de nuestra propia miseria y pobreza. Pero aun los filósofos nos apremian: «Conócete a ti mismo.» Y ese conocer nos lleva por necesidad a contestar la pregunta: ¿Qué es el pecado? ¿Por qué peco? ¿De dónde proviene toda esa maldad que veo en mí y en mi prójimo? ¿Cómo se trasmite el pecado? ¿Qué consecuencias trae? Estas y otras preguntas relativas al pecado son estudiadas por la *hamartiología*, que es la parte de la teología sistemática que trata el asunto del pecado. Este término deriva de los vocablos griegos: *hamartia*, que significa literalmente «no dar en el blanco», ofensa, maldad, pecado; y *logos*, que quiere decir estudio. Por tanto, la *hamartiología* intenta responder los planteamientos ya formulados. Pero antes de contestar estas preguntas clave, hagamos un breve estudio del mundo que nos rodea para ver cómo el hombre promedio piensa en cuanto a su pecado.

El pecado ajeno y el mío

Que hay pecado en el mundo, nadie lo niega. La prensa, la radio, la TV lo anuncian cada día, no importa en qué ciudad ni en qué país uno esté.

Hace poco visité Perú y Colombia y luego regresé a Miami. De los tres lugares recogí los siguientes relatos:

1. Un diario de Lima, Perú

MATAN A GOLPES A UNIVERSITARIO

El Comercio, Lima, martes 16 de febrero. Semidesnudo y con el rostro y cráneo destrozados a golpes, probablemente con un objeto contundente, fue encontrado el cadáver de un estudiante del Instituto Garcilaso de la Vega en el interior de una casa en construcción en Comas...

La PIP [Policía de Investigaciones de Perú] de ese distrito investiga el crimen. Según señalaron, podría tratarse de un crimen pasional, sin descartarse un ajuste de cuentas entre narcos o subversivos.

CAPTURAN A DEPRAVADO QUE VIOLÓ A SUS TRES MENORES HIJOS

Un depravado sexual, que violó a sus tres menores hijos, fue capturado por personal de la Estación PIP de Surquillo en una covacha de las casas/huerta del pasaje San Alberto, ubicado en dicho distrito... Según las investigaciones policiales, Jaime Aquino Rojas (37) atentó contra el honor de sus hijos de once, nueve, y siete años de edad... «El Monstruo de Surquillo», al verse cercado por la policía, trató de herirse con un cuchillo, pero fue reducido y apresado en su covacha en la madrugada del pasado sábado.

TÍO VIOLA A SOBRINA DE 6 AÑOS

En un poblado de San Mateo, Eusebio de la Cruz Cisneros (23), violó a su sobrina, de seis años de edad. La pequeña fue traída a Lima e internada en el Hospital del Niño. Este hecho fue denunciado por la madre de la niña en la PIP de Magdalena. Un grupo de detectives viajó al lugar y apresó al sádico.

2. Un diario de Bogotá, Colombia

ASESINADOS SIETE LABRIEGOS

El Tiempo (de Bogotá), Paz de Ariporo, 21 de febrero. Desconocidos asesinaron en el patio de su vivienda a siete personas, labriegos en su mayoría, y escaparon luego con rumbo desconocido.

Los sujetos, en número aproximado a 30, llegaron y llamaron por sus nombres a los moradores de la finca, localizada en la vereda Carrastol jurisdicción de Paz de Ariporo. Una vez que todos salieron de su casa, fueron acribillados. Los sujetos utilizaron todo tipo de armas para perpetrar el crimen.

RETENIDOS DOS POLICÍAS POR CRÍMENES Y ROBO

Bucaramanga (por Jairo Cala Otero). Dos policías que prestaban servicio en el municipio de Zapatoca fueron retenidos. Ese día fue asaltado el gerente del Banco Bogotá, sucursal de Zapatoca, Gonzalo González Torres, cuando en compañía de dos uniformados y la secretaria de la entidad, Angela Gutiérrez Diaz, se disponía a transportar hasta Bucaramanga $18 millones.

Varios hombres armados, que se hicieron pasar por guerrilleros de ELN, interceptaron dos vehículos en el trayecto entre Zapatoca y el aeropuerto de esta ciudad.

Como resultado de la acción, fue asesinado a balazos el ejecutivo bancario. Uno de los agentes de la escolta, José Aguirre Monsalve, y la empleada del banco, resultaron heridos. Los asaltantes se apoderaron del maletín que contenía la millonaria suma.

Días después la ciudadanía de Zapatoca fue estremecida con un atentado dinamitero perpetrado contra Pedro Nel Niño, comerciante de la localidad.

Luego, el 5 de febrero, fue asesinado a tiros en su finca el ciudadano José Hemnio Acevedo Gómez. Los homicidas llegaron a la hacienda, preguntaron por la víctima y cuando hizo su aparición, le dispararon repetidamente.

El 11 de febrero, una bomba de considerable poder destructor fue colocada en la casa de la alcaldesa, Ana Rita Díaz Rueda.

Y, por último, la semana pasada fue asesinado Victor Rueda Parra.

El juez de instrucción criminal diligencia las investigaciones sobre los crímenes consumados. Y todo parece indicar que los dos representantes del orden tienen serias implicaciones, si no en todos, al menos en algunos de los hechos sucedidos.

3. Un diario de Miami

ASPIRANTE A JUEZ FUE MUERTO POR ASUNTO DE FALDAS

El Herald de Miami, 25 de Febrero, Pembroke, Carolina del Norte. Un candidato a juez fue asesinado en una disputa en torno a una mujer por un joven indio que después se suicidó, dijeron el martes las autoridades, al tiempo que negaban rumores de que el asesinato había sido por cuestiones raciales. Un presunto cómplice fue detenido.

Julián Pierce, de 42 años, perteneciente a la tribu india Lumbee, quien aspiraba al cargo de juez de la Corte Superior contra el fiscal del condado de Robeson, fue muerto a tiros el sábado en su hogar. Se conjeturó que había sido muerto por alguien opuesto a que un indio fuera juez en ese condado, donde existe gran tensión racial.

El alguacil del condado de Robeson, Hubert Stone, dijo que Sandy Gordon Chavis, de 24 años, quien también es indio Lumbee, fue detenido el martes mediante una orden de arresto bajo cargos de asesinato.

Los investigadores estiman que Chavis fue cómplice en el asesinato. Identificaron al asesino como John Anderson Goins, de 24 aihos, también indio, de quien se dijo que se suicidó más tarde. Ambos hombres eran vecinos de Pembroke.

Consideraciones

Si se hiciera una lista de todos los crímenes reportados de todos los periódicos que se publican en un día por todo el mundo, ¿cuál sería nuestra conclusión? ¡Cuán pecador es el hombre, no importa en qué parte del mundo esté!

Si de tales tipos de reportajes se hiciera un resumen diario universal, estoy seguro de que no habría una persona que contradijera la conclusión de que en verdad el pecado azota a cada rincón de la tierra.

Además, estaríamos de acuerdo en que podríamos añadir a esa larga lista los abusos y crímenes políticos —antiguos y modernos— de hombres como Hitler, Stalin, y Musolini, que tanto dolor le dieron a la humanidad. Y más todavía, pues también están los abusos de los poderosos y adinerados de la tierra, incluyendo los excesos de las empresas multinacionales (también las nacionales), que tienen que añadirse para que no falte nada en este funesto cuadro. Todos representan el pecado y la maldad horrible que contamina a este dolorido mundo.

Hasta aquí, estoy seguro, habría unanimidad de criterio, aun entre los sociólogos, psicólogos, y filósofos. El conflicto, la disparidad de conceptos, comenzaría al tratar los «pequeños» pecados —tuyos y míos— de la gente «buena» que no se considera criminal.

¿Estaría muy fuera de línea el sugerir que con tal que tú y yo no participemos en actos terribles como los que hemos mencionado nos podemos creer bastante limpios de pecado? A lo menos diríamos que nuestras «indiscreciones», comparativamente hablando, son tan pequeñas e insignificantes que no merecen ser contadas como pecado.

La opinión general es que con tal que no se mate a alguien, que lo que se roba «no perjudique a nadie», que el flirteo con el sexo opuesto sea discreto, que las mentiras sean blancas, que se encubran las codicias con actos de benevolencia, que (aunque en el corazón se viva para lo material) con los labios se alabe a Dios los domingos, tales insignificantes transgresiones no son pecados y por cierto no merecen el castigo eterno. Son los crímenes y los criminales, son los actos detestables como los citados en los periódicos los que en verdad ofenden a Dios y merecen el infierno, no las cosas chiquitas nuestras. Así pensamos. Pero, ¿qué dice Dios? Desde el punto de vista celestial, ¿qué es el pecado? ¿Cuán grande debe ser una mentira para merecer el castigo de Dios? ¿Cuán grande un robo? ¿Qué tipo de indiscreción?

El caso es que si comparas Éxodo 20, donde se nos dan los Diez Mandamientos, con las inocentes «indiscreciones» aceptadas por ti y por mí —y por la mayoría en el mundo—, alarmados nos daríamos cuenta de que en verdad hasta las pequeñas cosas que hacemos muestran que hemos quebrantado por lo menos uno de los Diez Mandamientos. Por lo tanto, todos estamos en problemas con Dios (Stg 2.10).

En su Palabra Él nos dice: «*El alma que pecare, esa morirá*» (Ez 18.4, 20). Dios no sólo cuenta la enormidad del pecado cometido. El hecho es que por pequeña que sea una transgresión a sus mandamientos, le ofende y entristece su corazón. Como dice: «*Muy limpio eres de ojos para ver el mal, ni puedes ver el agravio*» (Hab 1.13).

PARTE II

Lo que la Biblia nos enseña

En realidad, ¿cuán malos somos? Ponerle un lindo tapete por encima a nuestra condición real sería perjudicial a la verdad que necesitamos conocer. Además, al mirar a nuestros vecinos y a nuestra ciudad, al leer el periódico, al escuchar las noticias, al pasar un rato en sincera introspección, estaríamos de acuerdo en que toda doctrina que le enseña al hombre a satisfacerse y aceptarse tal como es conduce al error y al autoengaño, pues está basada en una perniciosa ignorancia de lo que es el hombre en su esencia.

Nos vemos obligados a admitir que como seres humanos tenemos una notable falta, un serio defecto, una calamitosa imperfección en nuestra personalidad. ¿Cómo nos llegó tal desdicha?

Habiendo visto en el primer capítulo la nobleza, dignidad, y perfección con que adornó Dios a Adán y a Eva en el paraíso, nos parece extraño que ellos se apartaran con tanta facilidad del camino de justicia para desobedecer a su buen Creador. La demanda fue clara y simple: *«De todo árbol del huerto podrás comer; mas del árbol de la ciencia del bien y del mal no comerás; porque el dia que de él comieres, ciertamente morirás»* (Gn 2.16,17).

Dice Juan Calvino:

> El mismo nombre del árbol demuestra que el mandato se había dado con el único fin de que, contento con su estado y condición, no se elevase más alto, impulsado por algún loco y desordenado apetito. Además, la promesa que se le hizo, que sería inmortal mientras comiera del árbol de la vida, y por el contrario, la terrible amenaza de que en el punto en que comiera del árbol de la ciencia del bien y del mal, moriría, era para probar y ejercitar su fe... No se expresa mal San Agustín, cuando dice que la soberbia ha sido el principio de todos los males, porque si la ambición no hubiese transportado al hombre más alto de lo que le perteneció, muy bien pudiera haber permanecido en su estado.[1]

Más adelante sigue Calvino explicando: «Cuando la mujer con el engaño de la serpiente se apartó de la fidelidad a la Palabra de Dios, claramente se ve que el principio de la caída fue la desobediencia... Cuando no se tiene en cuenta la Palabra de Dios, se pierde todo el temor que se le debe.»[2]

Dejando a Adán y a Eva por un momento, los que conocemos algo de la Biblia sabemos lo que Dios pide de nosotros. Sabemos también lo que condena. ¿Cómo es que vamos en contra de ese conocimiento? Precisamente por nuestra incredulidad. Rehusamos creer que nuestra desobediencia nos ha de perjudicar. Si Adán hubiera creído lo que Dios le dijo: que el día que comiera de la fruta morirla, jamás la hubiese tocado. Su incredulidad lo llevó a dar el primer paso. Y habiendo dado ese primer paso de rebeldía, los posteriores siguieron en cadena al encendérsele sus otros deseos perversos. Como nos sigue diciendo Calvino:

> Ciertamente fue una impiedad monstruosa que el que acababa de ser formado de la tierra no se contentase con ser

hecho a semejanza de Dios, sino que también pretendiese ser igual a Él. Si la apostasía por la que el hombre se apartó de la sujeción de su Creador, o por mejor decir, desvergonzadamente desechó su yugo, es una cosa abominable y vil, es vano querer excusar el pecado de Adán.

Pues no fue una mera apostasía, sino que estuvo acompañada de abominables injurias contra Dios, poniéndose de acuerdo con Satanás, que calumniosamente acusaba a Dios de mentiroso, envidioso, y malvado. En fin, la infidelidad abrió la puerta a la ambición, y esta fue madre de la contumacia y la obstinación, de tal manera que Adán y Eva, dejando a un lado todo temor de Dios, se precipitaron y dieron consigo en todo aquello hacia lo que su desenfrenado apetito los llevó.[3]

Está demás decir que nuestro proceder al pecar es igual. Consideramos la fruta prohibida. Atraídos por lo que esa fruta nos promete, la deseamos. Pensamos en la Palabra de Dios que condena tal acción, pero entra en el pensamiento la perversa tergiversación de que Dios es amor, que si pecamos Él nos perdonará. O aun peor, que Dios nos está prohibiendo algo que es agradable y bueno —no malo ni dañino—, algo que nos traerá felicidad. Finalmente, que Dios no nos entiende, y al no comprender nuestra humanidad, su divina prohibición no es justa. Habiendo llegado a esas conclusiones, desenfrenadamente tomamos la fruta prohibida para disfrutarla a plenitud. Y después de llegadas las consecuencias desagradables de nuestra desobediencia es que despertamos a la verdad de que Dios no nos había mentido. ¡El pecado siempre trae muerte! El apóstol Santiago lo dice así: «*Cada uno es tentado cuando es llevado y seducido por su propia pasión. Después, cuando la pasión ha concebido, da a luz el pecado; y cuando el pecado es consumado, engendra la muerte*» (Stg 1.14,15).

---

1. *Institución de la religión cristiana*, edición de 1968, Nueva Creación, pp. 163, 164.
2. *Ibid*, p. 164
3. *Ibid*, p. 164

5

Las consecuencias
de la caída

5

Las consecuencias de la caída

La Biblia nos dice: «*Por la desobediencia de un hombre los muchos fueron constituidos pecadores*» (Ro 5.19). Creo que no hay doctrina que más queramos descartar que esta. Decir que por la falta de un solo hombre todo el mundo es culpable es una enseñanza chocante. ¡Eso no puede ser! ¿Cómo puede habernos condenado Adán a todos, por todos los siglos?

Creo que no hay un tema sobre la fe cristiana que nos coloque como creyentes más en pugna con el mundo que esta enseñanza de la Biblia. Nada en la Biblia les es más repelente que esta acusación incriminante, pues nos marca a todos como pecadores y depravados. Aun nosotros como cristianos tenemos que pedir gracia para tener «*oídos para oír y ojos para ver*» esta verdad. Somos expertos en la manipulación de datos —aun datos bíblicos— para hacernos parecer mejores de lo que en verdad somos.

Si fuera un solo texto bíblico que nos expusiera esa doctrina, bien pudiéramos descartarla. La realidad es que de principio a fin esto es lo que enseña toda la Biblia, Antiguo y Nuevo Testamentos. En algunas partes lo explica dándonos ejemplos, en otras por palabras y declaraciones directas (como veremos más adelante).

Por ejemplo, luego de detallarnos la tentación de Eva y la caída de ella y Adán (Gn 3), se nos da la historia de sus primeros hijos. ¡Caín mata a su hermano! Apenas se inicia la historia de la primera familia y se nos cuenta ese terrible acto de violencia.

Seguimos leyendo esos primeros capítulos y vemos que cada generación está manchada por actos repugnantes al idealismo que nos gustaría para el ser humano. Los descendientes de Adán arrastran un fondo odioso; no son gente buena. *«Y el Señor vio que era mucha la maldad de los hombres en la tierra, y que toda intención de los pensamientos de su corazón era sólo hacer siempre el mal»* (Gn 6.5). Siguen los versículos 11 y 12 la descripción: *«Y la tierra se había corrompido delante de Dios, y estaba la tierra llena de violencia. Y miró Dios a la tierra, y he aquí que estaba corrompida...»* Dios se ve obligado a destruir con un diluvio a toda esa primera población.

Noé, que escapa con su familia en el arca, *«halló gracia* [favor inmerecido] *ante los ojos de Dios»* (v. 8). Al obrar esa gracia de Dios en su corazón, hay un cambio de conducta en él: obtiene justicia y perfección que le vienen como dones de la gracia divina (v. 9). Esa gracia le da la fe que le permite perseverar 120 años (v. 3) entre toda la perversidad que le rodea. En obediencia a Dios fabrica el arca; en obediencia la llena con los animales que Dios decide preservar; en obediencia entra él con su familia al arca, y por la gran misericordia de Dios es preservado para que continúe la raza humana sobre la tierra.

Para que no nos equivoquemos pensando que la justicia y perfección de Noé venían de él y no de Dios, la Biblia nos da un breve atisbo de su carácter y el de sus hijos. Luego del diluvio, después de aquel terrible castigo (por el cual el hombre debiera haber aprendido a portarse a la altura de su exaltada creación), leemos en el capítulo 9 (vv. 20–27) un curioso incidente. Allí encontramos a nuestro héroe Noé y a sus hijos en un penoso acto como consecuencia de su embriaguez (Dt 14.26; Sal 104.15; Pr 31.4–7) y de su desnudez. Esta infeliz caída del padre sirvió para dar a conocer los corazones de sus hijos. Cam, disfrutando de un perverso placer al ver la desnudez de su padre, anuncia su imprudente reacción sensual a sus hermanos, invitándoles a participar en ese dehonroso descaro filial. Sem y Jafet, al contrario, mostrando una reverente modestia, toman un manto y, caminando hacia atrás, cubren la desnudez de su padre. Es así que empezamos a comprender la gran enseñanza de la Biblia, que hasta el castigo más severo no basta para erradicar el pecado en el hombre, ya que la corrupción está arraigada en su interior.

A lo largo de esos primeros capítulos observamos que, al actuar sin freno divino, el hombre se descubre cometiendo ofensivos actos pecaminosos. Llegando al capítulo 11 vemos que la humanidad se une en desafío a Dios, buscando la manera de independizarse de su Creador. Con la construcción de la torre de Babel de nuevo declaran su autosuficiencia, determinados a llegar al cielo por su propio esfuerzo. Pero es por medio de esta tercera intervención divina en la torre de Babel (a. Adán y Eva expulsados de Edén; b. el castigo del diluvio; c. la dispersión a causa de la confusión de lenguas) que descubrimos dos grandes verdades:

- Todo descendiente de Adán es pecador.
- Ningún pecador puede escapar de su Creador.

La Biblia, a través de sus páginas, traza estas dos corrientes. Vemos al hombre en su innata rebeldía y pecado, con sus inevitables consecuencias. Vemos también a nuestro Dios amante que, como buen pastor persigue y busca al perdido con el propósito de rescatarlo y salvarlo.

Es en el capítulo 12 de Génesis que comenzamos a ver esa gran línea divisoria entre el impío y el justo. Con Abraham se deslinda el pueblo de Dios, sacado misericordiosamente de entre los malvados. En contraste, vemos al numeroso gentío que rechaza a ese pueblo —y a Dios mismo— y sigue en sus delitos y pecados.

Curiosamente, pareciera que los que son «hijos de fe» (los descendientes de Abraham) sufren más que los impíos, pues vemos a Dios siempre corrigiéndolos y castigándolos. Nos recuerda el texto que dice: *«Hijo mío, no tomes en poco la disciplina del Señor, ni te desanimes al ser reprendido por él; porque el Señor al que ama, disciplina, y azota a todo el que recibe por hijo»* (Heb 12.6). Los que no son hijos de Dios parecen disfrutar de la vida sin problemas, a tal punto que el salmista comenta: *«Porque tuve envidia de los arrogantes al ver la prosperidad de los impíos, porque no hay dolores en su muerte, y su cuerpo es robusto. No sufren penalidades como los mortales, ni son azotados como los demás hombres»* (Sal 73.3–5). Asaf, en este salmo, nos cuenta que *«entrando en el santuario de Dios* [comprendió] *el fin de ellos»* (v. 17). Es al contemplar al mundo desde una perspectiva divina que entendemos las disyuntivas de la vida.

Al leer la Biblia hay que recordar que a los «hijos de fe» Dios los está preparando para el cielo, donde no hay pecado, ni mancha, ni nada que sea imperfecto o que desagrade a Dios (Ap 21.25–27). A los impíos les espera el juicio eterno; el único «cielo» que disfrutarán es el que ellos puedan crear aquí sobre la tierra.

Leyendo de la tierna e insistente lucha de Dios con su pueblo desobediente y rebelde, entendemos por qué es tan exigente. Comprendemos también por qué le fue necesario darles las leyes y los mandamientos. Entendemos por qué les mandó hombres como Moisés y Josué, David y los profetas. Estos sirvieron de ejemplo; sirvieron de guías. Por medio de ellos Dios les enseñó sus caminos; por medio de ellos los reprendió cuando eran desobedientes.

Finalmente, Dios envió a Su Hijo amado en cumplimiento de su promesa a Adán y a Eva (Gn 3.15). Él vino como el *«cordero de Dios que quita el pecado del mundo»* (Jn 1.29). Murió en sustitución por Su pueblo. Pero antes de esa muerte vivió en este mundo treinta y tres años. Durante los tres últimos tuvo a su alrededor a los Doce. A ellos —junto con Pablo, Lucas, y Marcos— dio la tarea de completar las Sagradas Escrituras a fin de que sirvieran a todos como guía infalible hasta que regrese para establecer su reino eterno.

6

¿Cuán malo es el pecado?

6

¿Cuán malo es
el pecado?

Lectura bíblica:
Isaías 1.1–20 y Romanos 3.9–18

PARTE I

A mi señora nunca le han gustado ciertas fotos. Si en una de ellas sale con la boca abierta, de inmediato la rechaza. No la quiere ver. Piensa que lo único que se ve en la foto es su boca abierta.

Así reaccionamos todos cuando somos confrontados por la realidad de nuestra pecaminosidad. No nos gusta la foto que la Biblia nos da, y la tendencia es:

- 1. Evitar los textos bíblicos que tratan el tema del pecado y no estudiarlos.
- 2. Apuntar a pecados más horribles que los nuestros que vemos en nuestros vecinos, en criminales locales, en los gobiernos tiránicos, en las empresas explotadoras, etc.
- 3. Ver cómo arreglamos la comunidad y el mundo con programas sociales, en lugar de buscar remedio y cura para nuestro propio mal.

La verdad es que al mirar la foto que nos muestra la Biblia nos vemos feos, manchados, en estado lastimoso. La foto nos deja angustiados y deprimidos.

Recuerdo otra ocasión en que escribía sobre este tema y le presté el manuscrito a un buen amigo, profesor en un seminario. Me lo devolvió con el comentario:

—El cuadro que pintas del hombre es muy, pero muy negativo. Deberías describir al ser humano desde una perspectiva más positiva, ya que fue creado a la imagen de Dios. Debes enseñar lo bueno que hay en él.

Le cité varios pasajes de la Biblia y le pregunté:

—¿Cómo es que pinta la Biblia al hombre en su pecado?

Me miró un rato, luego sonrió y contestó:

—Tienes razón. La Biblia describe al pecador en términos espantosos.

Si en algo jamás debemos engañarnos es sobre este tema del pecado. En primer lugar, porque Dios nos ha dado un remedio completo y perfecto para vencerlo. En segundo, porque el pecado es el cáncer más destructor del mundo, que inevitablemente traerá el terrible castigo de Dios. Ignorar su presencia y su poder sobre nosotros es permitir que este enemigo, que está tan presente en la fortaleza de nuestro ser, sea como el famoso caballo de Troya y nos destruya interna y eternamente.

Nos acordamos del cuento de la rana que se encontraba en una olla de agua. Prendieron el fuego y empezó a calentarse el agua. Al principio la rana disfrutaba del agua tibia y sabrosa. Pero siguió calentándose, y la rana no trató de saltar para salvarse. Murió a causa de su indiferencia al peligro en que se encontraba.

Así es la persona que descuida este tema, que opina que el pecado es algo inocuo y rehúsa tratar con la realidad de esta terrible enfermedad que ha infectado a todo hombre, mujer, niño, viejo, y joven.

Por unos breves minutos ponga este cuaderno de estudio a un lado y lea el primer capítulo de Isaías. Con un lápiz rojo marque todos los pecados mencionados. Con un lápiz verde marque las reacciones de Dios. No se olvide de que Isaías habla del pueblo de Dios (como decir los «creyentes» de su día) y los llama «nación pecadora», «pueblo cargado de iniquidad», «generación de malvados», «hijos corrompidos». Palabras muy fuertes que ciertamente han de haber ofendido a aquellos religiosos de sus días.

En los primeros tres capítulos de su carta a los Romanos, San Pablo por su parte describe a toda la humanidad. Tome igualmente los dos lápices de colores y, comenzando con el versículo 18 del primer capítulo, haga lo mismo. Note en particular las fuertes expresiones que usa en el capítulo tres: *«No hay justo, ni aun uno... no hay quien busque a Dios... todos se han desviado... no hay quien haga lo bueno... sepulcro abierto es su garganta... llena está su boca de maldición y amargura... no hay temor de Dios delante de sus ojos.»*

¿Seremos tan malos? ¿De veras estamos manchados con una contaminación tan fea, apestosa, y horrible? ¿Estará la Biblia exagerando nuestro real estado sólo para atraer nuestra atención a un problema más o menos serio? ¿O será esto la penosa y terrible verdad?

Por cierto, todos reconocemos que hay algo que aflige al ser humano. Pero ¿será de tanta gravedad?

Otra vez volvemos a la Biblia: *«Todos nosotros somos como un hombre impuro; todas nuestras buenas obras son como un trapo sucio; todos hemos caído como hojas marchitas, y nuestros pecados nos arrastran como el viento»* (Is 64.6). Dice que aun lo bueno que hacemos está contaminado como un trapo sucio. Al ser esto verdad, necesitamos concretar nuestro entendimiento del tema.

LA DEFINICIÓN DEL PECADO

El pecado es esa mancha con que nace todo hijo de Adán que le conduce a aquello que destruye el carácter y corrompe el corazón. Me gusta, por su claridad, una definición que nos viene del siglo pasado dada por un distinguido predicador inglés, el obispo Ryle (1816–1900):

En términos generales el pecado es esa gran dañina enfermedad moral que afecta a toda la raza humana, desde sus rangos más elevados, a toda otra clase, a todo hombre y mujer, a toda nación, a todo pueblo, y a toda lengua. Es una enfermedad que ha infectado a todo el mundo y se evidencia claramente en todo nacido de mujer, con la sola excepción de Jesucristo, el Hijo de Dios.[1]

De esta explicación general el Dr. Ryle pasa a mostrar la manera en que esa enfermedad del alma se evidencia. Él lo llama «el pecado particular». Aclaramos que el hombre no es pecador porque peca, sino que peca porque en su esencia es pecador. Al definir al «pecado particular» no creamos dos categorías para el pecado: una, lo que heredamos de Adán y de lo cual no somos personalmente responsables; dos, nuestros propios actos de transgresión por los que somos personalmente responsables. No. El pecado no se puede dividir así. El pecado es parte intrínseca de todo hijo de Adán. El hombre ES pecador, y esa pecaminosidad se demuestra por sus actos particulares, como lo explica el Dr. Ryle:

El pecado particular o personal es el acto de hacer, decir, pensar, imaginar cualquier cosa que no esté en perfecta armonía y conformidad con la mente y la ley de Dios.

Cuando hablamos del pecado en su sentido general, nos referimos a la condición universal del hombre. Vemos que no fue un pequeño resbalón que dieran Adán y Eva en el huerto: fue una severa caída con consecuencias espantosas que nos afectan a todos (Ro 5.12– 19). Todo hombre, toda mujer, están contaminados y manchados con este mal. Es una herencia que pasa de generación a generación. Fácilmente lo comprobamos por la triste historia del hombre a través de las edades.

Aunque están aquellos que quisieran decirnos que el pecado sólo se manifiesta en algunos individuos malos en la historia —no en todo ser—, una mirada honesta y crítica a nuestra sociedad (vecinos, poblaciones, naciones) nos da absoluta prueba de que nadie es perfecto en nuestro mundo presente, nadie lo fue en el pasado, y nadie lo será en el futuro mientras este mundo exista.

Sí, por supuesto que hay unos que son mejores que otros. Pero aun entre los mejores hay ocasiones, momentos, tiempos en que manifiestan algo malo. Malcolm Muggeridge, un sociólogo de Inglaterra, lo expresa así:

> Es precisamente cuando consideramos lo mejor en el hombre que vemos que en cada uno hay un centro de orgullo e interés propio que corrompe nuestros mejores logros y mancha nuestras mejores experiencias. Esto salta cuando menos lo esperamos y de muchas maneras: en los celos que dañan nuestras amistades, en la vanidad que sentimos al hacer alguna obra buena, en la fácil conversión del amor en concupiscencia, en la mezquindad que nos hace menospreciar los esfuerzos de otros, en la distorsión de nuestro buen juicio por nuestros egoísmos, en nuestro amor a la adulación, en el resentimiento de culpa, en nuestras fuertes afirmaciones de altos ideales que jamás practicamos.[2]

El ser humano carece de perfección. Los sabios y entendidos en el estudio de la Biblia usan la expresión «depravación total» para explicar ese mal residente en el alma humana (algunos prefieren la frase «corrupción radical»).

No quieren decir con este término que cada hombre o mujer actúe constantemente y en cada situación de la peor manera. No, ese no es el sentido, y los que así lo explican no lo han entendido bien. Lo que se entiende por «depravación total» es que no hay parte del ser humano —alma, cuerpo, mente, espíritu— que no esté manchada por el mal. La totalidad de nuestra persona o de nuestra humanidad está afectada.

PARTE II

Surge la pregunta, ¿qué es el pecado? Ya observamos que es «el hacer, decir, pensar, imaginar cualquier cosa que no esté en perfecta armonía con la mente y la ley de Dios». Esta es simplemente una ampliación de lo que el apóstol Juan dijo: «*El pecado es la infracción de la ley*» (1 Jn 3.4).

¿Cuál ley? La ley de Dios, esa ley que explica la mente o el pensar de Dios. Esa ley que encontramos en la Biblia. El pecado es cualquier infracción de lo que Dios ha prohibido. Lo describimos así:

Puede ser un acto consciente de desobediencia a lo que Dios nos ha mandado.

Un buen ejemplo es la mentira. El noveno mandamiento dice: «*No digas mentiras en perjuicio de tu prójimo*» (Éx 20.16, versión Dios habla hoy). El apóstol Pablo lo repite: «*No se mientan unos a los otros*» (Col 3.9). En Hechos 5 tenemos el relato de la mentira de Ananías y Safira. Por esa simple mentira murieron los dos, indicando de forma dramática lo que Dios opina de nuestras mentiras: ¡merecen la muerte!

Dios pide de nosotros la honestidad. La mentira, aunque lo consideremos sin importancia, es un pecado ofensivo ante Dios. Y así podríamos hablar de la codicia, el deseo de poseer lo que no es nuestro (el décimo mandamiento), el robo, el adulterio, el homicidio (pecados más terribles, pero que están en la misma lista que la mentira), la blasfemia, el mal uso del día del Señor, la adoración de dioses falsos (como el dinero, el poder, el sexo, o el endiosamiento de uno mismo). Dios incluye en sus mandamientos aun la correcta actitud que debemos tener hacia nuestros padres.

Puede ser un acto de omisión, dejar de hacer lo que sabemos Dios nos pide

Por ejemplo, «*Amarás al prójimo como a ti mismo*» expresa nuestro deber social. «*Amarás al Señor tu Dios de todo tu corazón, alma, y mente*» expresa nuestro deber espiritual. No amar al prójimo, no amar a Dios, son actos de omisión y graves pecados.

Cristo cuenta la historia del buen samaritano: El sacerdote, un maestro de la ley —con todas sus debidas excusas—

deja al moribundo sin prestarle los primeros auxilios. Su gran pecado es que conoce el requisito de la ley y, a pesar de ello, no cumple con su deber. El levita, el que pretendía por su responsabilidad religiosa ser ejemplo a los demás, tampoco cumple con su responsabilidad. Es un despreciado samaritano el que cumple a cabalidad tanto el espíritu como la demanda de la ley.

La severidad con que Cristo trata el pecado de la omisión debe hacernos pensar. Dijo: «*Apartaos de mí, malditos, al fuego eterno... porque tuve hambre, y no me disteis de comer, tuve sed, y no me disteis de beber, anduve como forastero, y no me disteis alojamiento. Me faltó ropa y no me disteis de vestir; estuve enfermo, y en la cárcel y no me vinisteis a visitar. Preguntaron ellos, ¿Señor, cuándo te vimos con hambre o con sed, como forastero, o falta de ropa, o enfermo, o en la cárcel y no te ayudamos? Él les contestará: Os aseguro que todo lo que no hicisteis por una de estas personas más humildes, tampoco por mí la hicisteis. Esos irán al castigo eterno*» (Mt 25.41–46).

Puede cometerse un pecado en ignorancia.

Dios, al dar su ley, le reveló a Moisés el peligro en que estaba el pueblo de cometer pecados inocentemente: «*Di a los israelitas que, en aquellos casos en que alguien peque involuntariamente contra alguno de los mandamientos del Señor y haga algo que no está permitido, se hará lo siguiente...*» (Lv 4.1–35 y Núm 15.24–29). En estos pasajes se delinea la confesión y el sacrificio debidos para lograr perdón por los pecados cometidos en ignorancia.

En su tema del siervo fiel e infiel, Cristo también habla de pecados involuntarios (Lc 12.41–47). Entre otras cosas nos dice: «*El siervo que sabe lo que quiere su amo, pero no está preparado ni le obedece, será castigado con muchos golpes. Pero el siervo que sin saberlo hace cosas que merecen castigo, será castigado con menos golpes. A quien mucho se le da, también se le pedirá mucho; a quien mucho se le confió, se le exigirá mucho más.»*

Al no saber lo que Dios requiere de nosotros por no conoce perfectamente su Palabra, fácilmente transgredimos sus demandas. Conviene, pues, admitir ante Él estas fallas y pedirle perdón. Pero no debemos satisfacernos con sólo admitir nuestra ignorancia y consecuentes pecados, debemos seguir tres pasos:

1. Estudiar con mucho más cuidado la Palabra de Dios para llegar a conocer su ley.

2. Cuando confesamos al Señor nuestros pecados debemos pedirle perdón por los pecados de comisión y de omisión.

3. Percatarnos de los recursos que tenemos para vencer el pecado (el Espíritu Santo, la Palabra de Dios y la iglesia).

Próximamente estudiaremos el tema de la ley de Dios. Trataremos su vigencia a pesar de que vivimos bajo la dispensación de la «gracia», que nos ha venido por Jesucristo. Este es un tema ampliamente discutido y representa un punto donde hay división entre evangélicos.

---

1. Baker Book House, Grand Rapids, Michigan, p. 2
2. *Christianity Today*, Marzo 6, 1987, p. 33

7

*La ley de Dios
y el pecado*

7

La ley de Dios y el pecado

Quiero ahora tratar un tema que ha llegado a ser muy controversial en nuestros días: La ley de Dios y su relación con el creyente. Argumento a favor del punto de vista de que esta ley (con excepción de las ceremoniales) es dada por Dios para el hombre en todas las edades, y expresa Su voluntad moral eterna para el hombre. Créanme, por favor, no lo hago con la intención de crear división ni controversia. Lo hago en la simple creencia de que es importante que se estudien todos los puntos críticos del pecado, aunque sean controversiales, presentándolos sensata y objetivamente a la luz de la Palabra de Dios.

Sugiero que si su iglesia se opone en algo o en todo a lo que se expresa a continuación en cuanto a la ley de Dios, que el pastor u otro proponente capaz exponga los puntos de vista contrarios a lo que decimos aquí.

Hace poco pedimos al pastor de la iglesia de donde soy miembro que explicara lo que es la «libertad cristiana» y nuestra relación, como creyentes en Cristo, con la ley de Dios. Asi inició el Dr. Steve Brown su charla:

Para comenzar, debemos comprender que a la ley nunca se le obliga que cumpla con algo para lo cual no fue diseñada. La ley de Dios cumple cuatro funciones, y sólo estas cuatro:

- Nos despierta a la necesidad de Cristo (Gál 3.24, Ro 7.13).
- Nos apunta a Cristo (Ro 8.1–3).

- Nos muestra la mejor manera de vivir, ya que nos revela al mundo tal como es en realidad (Sal 119.97–98).

- Nos mide o nos evalúa para que sepamos cómo estamos en nuestro andar espiritual (Sal 119.151–152).

Cuando obligamos a la ley como creyentes a hacer algo adicional a estas cuatro cosas, la usamos impropiamente. El fin de la ley nunca fue salvar a un pecador ni hacernos santos. Somos libres. Con eso queremos decir que en realidad podemos obedecer o desobedecer a la ley de Dios. Si la desobedecemos nos perjudicamos.

La ley es un regalo de Dios, no es su látigo divino para castigarnos. La obediencia viene como resultado de nuestra libertad, y nuestra libertad viene como consecuencia de la obediencia. Obedecer la ley o desobedecerla no tiene que ver con nuestra salvación, sino con nuestra relación con Dios. Cuando Él nos regeneró por el poder del Espíritu Santo juntamente con esa nueva vida nos dio el deseo de obedecerle. Y, para mostrarnos cómo es que Él quiere que vivamos, nos dio su bendita ley.

Con estos pensamientos de introducción veamos ahora algunos detalles. Primero, ¿por qué se necesita la ley de Dios? Es necesaria para saber qué es el pecado ante los ojos de Dios. Dice San Pablo que la ley fue dada para que una transgresión fuese reconocida como una ofensa legal (Gál 3.19, versión New English Bible). Dios nos dio sus leyes, no para que él tuviera motivo para castigarnos, sino para el bien del hombre. La ley divina beneficia a todo hombre.

Hay quienes declaran que ya no estamos bajo la ley, que vivimos bajo la gracia, por lo tanto no tenemos que hacerle caso a la ley. Hablan como si fuese algo odioso, ofensivo, y malo. La tratan como si fuera dada para beneficio de Dios, como reglas que imponen algunos padres para protegerse de sus hijos (No hablen mientras estoy en el teléfono. Arreglen su cuarto porque vienen visitas). La ley de Dios, como las buenas reglas de los padres responsables, es para el bien de los hijos (Pónganse un abrigo cuando hace frío para que no se resfríen. Tómate la medicina que te mandó el médico para que te pongas bien).

¿Cómo puede considerarse mala la ley que le pedía a un pecador el sacrificio de una ovejita como expiación por el pecado? Esa ovejita representaba al Cordero de Dios que más tarde moriría por el pecado del mundo. Por supuesto, ya que Cristo murió, esa ley sacrificial (ceremonial) no tiene validez, pero antes de la venida de Cristo era una ilustración perfecta de que el inocente Hijo de Dios, igual que la ovejita, cargaría toda la culpa del pecador en Su muerte.

¿Cómo pueden considerarse malos los Diez Mandamientos? ¿Será malo que Dios pida que no se hagan dioses falsos, que se observe el día del Señor, que no se digan blasfemias, que se respete a los padres, que no se robe, ni se dé falso testimonio (mentiras), ni se adultere, ni se codicie? ¿Pueden ser malas las leyes que prohíben tales cosas? El que estudia las leyes de Éxodo y Levítico —hay 613 en el Antiguo Testamento— se da cuenta de que las leyes de Dios fueron buenas, justas y necesarias. En los países cristianos los códigos judiciales se basan en las leyes de la Biblia, precisamente por ser justas y buenas. El propósito de la ley fue establecer «un reino de sacerdotes y gente santa» (Éx 19.6). Dios, que nos creó, sabe que la sociedad funciona mejor sin adulterios, sin homicidios, sin mentiras, sin idolatría. Como dice un comentarista de Chicago, Philip Yancey: «Comencé a ver los Diez Mandamientos bajo nueva luz... Cada mandamiento negativo podía expresarse positivamente, pues cada uno en esencia protege algo de gran valor en la humanidad.»[1] Consideremos varios ejemplos:

- Yo, el Creador, «les entrego a mí mismo», por lo tanto no necesitarán imágenes inútiles de madera o de piedra, pues me tienen a mí que soy el Señor del universo.

- Yo les entrego mi nombre para que sean llamados por ese nombre. Traten el nombre como una sagrada posesión y no lo manchen tomándolo en vano.

- Yo he hecho la vida del hombre sagrada y eterna, estampando mi semejanza en todo recién nacido. Protejan y valoren lo que he creado. Dejen que viva, no lo maten.

- Yo les doy el matrimonio y el misterio e intimidad del amor entre un hombre y una mujer. Presérvenlo íntegro y no permitan su disolución por el adulterio.

Al ser esto verdad, ¿cuál es la preocupación del apóstol Pablo en sus epístolas? Lo que es malo es sustituir a Cristo con la ley. Pensar que por obedecer la ley moral o la ley ceremonial podemos llegar al cielo. Esto es hacer innecesario a Cristo. Esto es lo que San Pablo arguye en su carta a los Gálatas.

Allí el apóstol, como lo hace en su carta a los Romanos, insiste en que la reconciliación con Dios es sólo por medio de la fe, y no por las obras (por obediencia a la Ley de Moisés). A las iglesias de Galacia entraron unos falsos maestros que enseñaban que la salvación se obtenía por dos cosas: obediencia a la ley de Moisés, y también por medio de la fe en Jesucristo. Enseñaban que, como exigía la ley ceremonial del Antiguo Testamento, se deberían celebrar ciertos días sagrados (Gál 4.10) y que especialmente deberían guardar las leyes acerca de la circuncisión (Gál 5.2). San Pablo enseñó que ese legalismo estaba totalmente equivocado. Es la fe puesta únicamente en la obra redentora de Cristo lo que salva. Ni la ley de Moisés, ni ninguna obra humana, puede darnos vida eterna. Sólo Cristo Jesús, a través del Espíritu Santo, da nueva vida al creyente (Gál 3.1–5, 21).

¿Para qué sirve la ley moral de Dios? Dice el apóstol: *«Para poner de manifiesto la desobediencia de los hombres»* (Gál 3.19). El apóstol sigue su argumento en Romanos. *«De no ser por la ley, yo no hubiera sabido lo que es el pecado.*

Jamás habría sabido lo que es codiciar, si la ley no hubiera dicho «No codiciarás"» (Ro 7.7).

Cuando el apóstol dice: *«Ustedes, hermanos míos, mediante la muerte de Cristo han muerto con él a la ley... quedando así libres para servir a Dios en la nueva vida del Espíritu, y no bajo la vieja ley escrita»* (Ro 7.4–6), no se refiere a que en nuestros días la ley moral de Dios no tenga efecto. Lo que dice es que Cristo, en su muerte, sufrió todo el juicio requerido por esa ley. Al morir por nosotros, también llevó todo nuestro castigo. Explicándolo de otra forma, como Jesús murió en mi lugar, allí en la cruz tomando toda la ira de Dios por mis pecados, ya no tengo que temer más castigo pedido por la ley a causa de mi pecado. No tengo que morir y sufrir castigo también. Jesús sufrió toda mi pena y toda demanda de castigo. Es en ese sentido, el del castigo, que la ley ya no tiene poder sobre mí.

Como es tan importante comprender este punto, permítanme repetirlo: Si creemos que Cristo cumplió en la cruz todo el castigo exigido por la ley, esta no puede exigirnos nada más. En Cristo todos los requisitos de la ley fueron cumplidos. Así que la ley no puede pedir más castigo para el que está en Cristo. En efecto, la ley está cumplida. Cristo murió para cumplir sus demandas.¡Ya no puede castigar al que ha recibido a Cristo como Salvador!

Algunos toman los versículos 1–4 de Romanos 7 para enseñar que la ley ha «muerto». Es una lectura equivocada. Allí se da el ejemplo de la mujer casada que está *«ligada por ley a su esposo mientras éste vive; pero si el esposo muere, la esposa queda libre de la ley que la ligaba a él.»* No dice que la ley muere. Léalo con cuidado; dice: *«Si el esposo muere, ella queda libre de esa ley, y puede casarse con otro sin cometer adulterio.»* Y continúa el texto: *«Así también ustedes hermanos míos, mediante la muerte de Cristo han muerto con Él a la ley.»*

La ley no murió, ¡murió Cristo! La ley quedó muy viva. El uso del ejemplo del divorcio por San Pablo es para reforzar el argumento de que Cristo, por su muerte, nos libertó totalmente del gran poder de la ley para condenarnos al infierno eterno.

El pasaje no quiere decir que la ley de Dios deje ya de señalar lo que es pecado. ¡Jamás! «Si no fuera por la ley de Dios nadie sabría lo que es pecado» (Ro 7.7). La ley nos es necesaria para saber qué es lo que desagrada a Dios y cómo es que debe conducirse un hijo de Dios. Sin la ley estaríamos sin normas de conducta. Fíjense cómo Cristo aplica la ley en el Sermón del Monte. Con un pincelazo muestra la cercanía entre la lujuria y el adulterio, entre el odio y el homicidio. Es la ley lo que nos declara el pecado, nos muestra el peligro, y nos lleva corriendo al refugio que tenemos en Cristo. Es vital para establecer nuestra relación con Dios, pues es el instrumento que Él usa para mostrarnos nuestro pecado.

Nos dice San Pablo además que la ley no puede salvarnos del pecado. Su fuerza está únicamente en:

- señalarnos el pecado que ofende a Dios;
- condenar eternamente a aquel que rechaza a Cristo.

Dios tiene un requisito para el hombre: ¡la perfección! La ley nos muestra los parámetros de Dios. El que transgrede, cometiendo una infracción cualquiera en contra de esa perfección demandada por Dios, queda bajo el severo juicio de su ley. Sólo el que se esconde en Cristo Jesús escapa a la ira de esa ley. La ley no salva a nadie; ¡la ley condena (Ro 2.12)! A los gálatas, que habían sido seducidos por maestros falsos para que creyesen que cumpliendo la ley se salvaban, San Pablo les dice que sólo Cristo salva. La ley sólo condena. Si cifran sus esperanzas de la salvación en obedecer la ley, perecerán.

La ley, pues, nos revela lo que es pecado y las temibles consecuencias de haber pecado. Ese conocimiento horrendo nos lleva corriendo a Cristo, quien es el único que por su perfección puede satisfacer las demandas de la ley y librarnos del pecado y de su poder condenatorio.

Como nos cuenta el salmo más largo de la Biblia, el 119, la ley de Dios es «justa», «perfecta», «digna de toda alabanza». ¿Por qué? Porque nos enseña cuán perfecto y glorioso es Dios, y a la vez nos revela nuestra desesperada necesidad de Cristo, el Mesías salvador. Nótese que la «ley de Dios» y la «palabra de Dios» a través del salmo son sinónimos.

La ley de Dios nos da el criterio divino para que podamos medir nuestra conducta. No es que la ley le dé al pecado su carácter odioso (el pecado en sí es lo que es espantoso y odioso). La ley lo que hace es señalarlo, enseñarnos lo que debemos evitar, mostrarnos lo que a Dios desagrada, y mide el alcance de nuestra maldad. En esa función nos ayuda a vivir santamente, ya que sabemos qué es lo que agrada y desagrada a Dios. Es por esto que San Pablo dice que *«la ley en sí misma es santa, y el mandamiento es santo, justo y bueno»* (Ro 7.12).

---

1. *Christianity Today*, Marzo 6, 1987

8

El mal
que reside en mí

8

El mal que
reside en mí

PARTE I

La ignorancia nos lleva a falsas conclusiones

Se cuenta que un joven, que quería ser ordenado como pastor, a pesar de que no tenía preparación bíblica, insistía en que se le examinara porque estaba seguro de su llamado al ministerio.

Así fue que un grupo de pastores se reunió y procedieron a evaluar los conocimientos bíblicos del presunto candidato al pastorado.

La primera pregunta que se le hizo fue: «¿Cuál es tu libro preferido en la Biblia?» Contestó:

—El evangelio según el Buen Samaritano.

Los pastores se miraron entre sí, y uno le preguntó:
—¿Nos podrías contar algo de lo que dice ese evangelio?

—Por supuesto —dijo el joven, y con gran entusiasmo prosiguió: —Hubo pues un samaritano que salió camino a Jericó. Pasando por la ciudad se dirigió a Jerusalén. A su paso cayó entre ladrones. Estos le golpearon cuarenta días y cuarenta noches y lo dejaron por muerto. Cuando pudo levantarse, parecía estar lleno de mosto y tuvo hambre. Entonces los cuervos vinieron y le dieron de comer. Le traían pan por la mañana y carne por la noche. Se levantó luego el samaritano de aquel lugar y regresó a Jericó. Aconteció que entrando a Jericó, levantó sus ojos y vio a Jezabel sentada sobre la muralla. Entonces dijo a los que estaban con él: «Échenla de la muralla.» Y la echaron una vez. Y repitió: «Tírenla otra vez.» Y la tiraron hasta setenta veces siete. De los restos recogieron doce cestas y fue grande su ruina. Decidme, en el día de la resurrección, ¿de quién será ella esposa?

Nos reímos al escuchar tan obvia tergiversación de la Biblia. La triste verdad es que tal tipo de cosa sucede continuamente de labios de «maestros» que no conocen la Palabra de Dios, y pretenden interpretarla. Toman pasajes y los citan, cambiando por completo su sentido y su enseñanza. Los que escuchan, conociendo aun menos, lo aceptan como verdad. Así entra el error.

Cuatro observaciones

1. La tendencia es creer lo que queremos creer, aunque tengamos que torcer la verdad para creerlo.

¿Cómo empezaron todas las sectas, y por qué tienen tantos seguidores?

Tergiversan la verdad y forman su propia doctrina, la que más les conviene. En Mateo 28.11–15 tenemos una interesante ilustración. Allí encontramos el informe que llevaron los guardias a los líderes religiosos cuando vieron que la gran piedra ante la tumba de Jesús había sido rodada y que Jesús ya no estaba en la tumba. Al recibir ese temible informe, los sacerdotes les instruyeron: «Decid vosotros: Sus discípulos vinieron de noche y lo hurtaron, estando nosotros dormidos.»

2. La mayoría de las personas no se dan cuenta de sus falsos conceptos y distorsiones de la verdad.

Las personas metidas en sectas están tan seguras de que tienen la verdad que rehúsan escuchar la razón. Nos dice el apóstol que *«el dios de este mundo ha cegado los ojos de los incrédulos para que no reconozcan la verdad»*.

Cuando alguien quiere creer una mentira, es casi imposible razonar con tal individuo. Así es también con algunas doctrinas que se han «extraído de la Biblia»: se aceptan ciegamente sin examinarlas para ver si en realidad son enseñanzas claras.

3. El pecado es invisible hasta que se denuncia públicamente.

La gran mayoría de nosotros no podemos ver nuestros propios pecados. Vemos con toda facilidad el de los demás, pero el nuestro nos es invisible.

Una vez que un pecado es denunciado, que alguien nos acusa de haber hecho esto o aquello, ¡qué agonía sufrimos! Ese pecado se levanta como un monstruo que no nos deja quietos.

También, cuando el Espíritu Santo denuncia un pecado, hace que nos moleste hasta que nos arrepintamos y lo dejemos. Esta es la guerra interna que menciona el apóstol en Romanos 7 cuando dice que la «ley hace guerra con la ley de mi mente». La conciencia acusadora no nos deja tranquilos.

4. El pecado es una realidad en nuestras vidas, aunque lo veamos desde la óptica de los prejuicios que crean nuestras creencias y valores.

Nuestra tendencia es a decidir personalmente lo que es bueno y lo que es pecado por lo que oímos o por lo que categorizamos en nuestras propias mentes.

Por ejemplo, la Biblia señala que la «ira», «malicia», «maledicencia», «envidia», «mentira», «palabras deshonestas», son pecados. Normalmente no los clasificamos así. Más bien llamamos a estas cosas «fallas en nuestra personalidad», «cosas que heredamos del carácter de nuestros padres», «algo que nos vino de los genes de un abuelo», etc. Sólo clasificamos como pecado el homicidio, el robo, el adulterio, y cosas que la sociedad en general califica de malas.

¿Quién determina lo que es pecado? ¿Tú?, ¿yo?, ¿Dios? Es por esto que no podemos confiar en nuestro propio criterio, ni en el del vecino, ni el del periódico, ni el de una revista o libro. Tenemos que depender de lo que Dios declara como pecado.

PARTE II

Fuentes de autoridad

Aunque la Biblia debe ser nuestra única fuente de información, comúnmente seguimos otras:

1. La sociedad, la opinión pública, lo que dice la gente.

Una publicidad en Francia decía: «Un millón de franceses no pueden estar equivocados», como si la opinión de una gran agrupación de personas determinara lo bueno o lo malo.

2. Lo que a veces oímos en los púlpitos o leemos en revistas religiosas o libros; la opinión personal.

Pastores o líderes religiosos a veces dan opiniones erradas sobre lo que es y lo que no es pecado, predicando sus propios criterios y no siguiendo lo que dice la Biblia. Así a veces inventan pecados y ponen cargas sobre la gente que Dios nunca pensó.

Hacemos esta extensa aclaración precisamente porque tratamos ahora uno de los pasajes difíciles de la Biblia, sobre el cual hay mucha divergencia de opinión. Si llegamos a esta porción con nuestros prejuicios y nuestras opiniones, con dificultad aceptaremos lo que claramente aquí nos enseña el Espíritu Santo a través del apóstol Pablo.

Romanos 7.18–25

Porque yo sé que en mí, es decir, en mi carne, no habita nada bueno; porque el querer está presente en mí, pero el hacer el bien, no.

Pues no hago el bien que deseo, sino el mal que no quiero, eso practico.

Y si lo que no quiero hacer, eso hago, ya no soy yo el que lo hace, sino el pecado que habla en mí.

Así que, queriendo hacer el bien, hallo la ley de que el pecado habita en mí.

Porque en el hombre interior me deleito con la ley de Dios

Pero veo otra ley en los miembros de mi cuerpo que hace guerra contra la ley de mi mente, y me hace prisionero de la ley que está en mis miembros.

¡Miserable de mí! ¿Quién me librará de este cuerpo de muerte?

Gracias a Dios por Jesucristo, Señor nuestro. Así que yo mismo, por un lado, con la mente sirvo a la ley de Dios, pero por el otro, con la carne, a la ley del pecado.

Interpretaciones comunes

1. Este pasaje explica la lucha de una persona antes de aceptar a Cristo como su Salvador. Imposible. Contestamos que tal explicación es imposible ya que, aparte de la gracia de Dios obrando en el corazón, la persona sin Cristo está en sus pecados, se deleita en el pecado, y se entrega al pecado. No se preocupa por el pecado ni le aflige sobre manera.

2. Este pasaje explica un periodo de carnalidad en la vida del apóstol.

Improbable. No hay indicio bíblico ni secular para respaldar tal creencia.

3. En este pasaje el apóstol presenta un caso hipotético.

Inconsistente. Pablo en todo el libro habla en primera persona, y se usa a sí mismo como ejemplo. Sería inconsistente en este capítulo introducir de repente un elemento simbólico.

4. Este pasaje explica una simple realidad en todo creyente.

Consistente. Esta es la postura que la gran mayoría de expositores asumen al comentar estos textos, y es una postura consistente con la experiencia de cada creyente si analiza su corazón con honestidad.

El mal que reside en nosotros

Ahora nos interesa estudiar este fenómeno del cual nos habla el apóstol. Reconocemos, en primer lugar, que todo creyente debe hacer sólo lo que agrada a Dios. Esto es lo que quería el apóstol, pero nos informa que al intentarlo, descubre que había algo dentro de su ser que no le dejaba. Al descubrir esta realidad reconoció la fuerza del pecado que residía en él (y en todo creyente). Habla, entonces, de «otra ley», la ley del pecado que reside en el corazón, aun en el corazón de un creyente (v. 23).

Subraya, además, la manera en que descubrió esa «ley»: «Queriendo hacer el bien», nos dice. Cuando determinó hacer aquello que Dios le pedía, descubrió su pecaminosidad: *«El pecado habita en mí!»* (v. 21). Cuántas veces nos encontramos nosotros en la misma realidad. La intención es obedecer a Dios, cumplir con su voluntad. Pero descubrimos que a pesar de ese buen deseo, no lo cumplimos. En verdad nos encontramos haciendo aquello que la Biblia claramente dice que es malo.

En tercer lugar, San Pablo dice que al estudiar la Ley de Dios decubrió que la «codicia» era pecado. Y para su espanto, que él mismo codiciaba aquello que no le pertenecía. Quería vencer ese pecado. Quería rechazarlo. Trataba de vencerlo. Pero no podía. Ese pecado era más fuerte que él. Suscita como resultado de esa guerra interna un llanto: *«¡Miserable de mí! ¿Quién me librará de este cuerpo de muerte?»* (v. 24).

Por último, recalca la naturaleza duradera, permanente, residente de esa «ley». Nos indica que el pecado no va y viene de vez en cuando, sino que «mora», *«habita en mí»* (v. 21). En otras palabras, nos enseña el apóstol que el pecado (el deseo y la habilidad para pecar) es algo que es parte innata de todo ser, aun de aquellos que conocen a Cristo.

PARTE III

Tres consideraciones

1. Por la obra divina del Espíritu Santo obrando en mi ser, soy regenerado, he nacido de nuevo.

Esta verdad, sin embargo, no quiere decir que deje de ser hijo de Adán. Soy humano, pertenezco a la especie humana y llevo las características de un ser humano. Parte de esa humanidad es que he heredado la naturaleza adámica, es decir, ser pecador. Así que, por ser hijo de Adán, la «ley del pecado» es una ley ilegítima pero muy real. Quizás podamos entender esta verdad con un ejemplo gráfico.

Perú, una entidad nacional, un país, una nación, tuvo que reconocer, por muchos años, que tenía dos gobiernos dentro de su territorio: el gobierno legítimo, elegido por el pueblo, y un gobierno impostor, el Sendero Luminoso. Este segundo gobierno era ilegítimo. Había dividido el país en dos y gobernaba con autoridad efectiva en las regiones que controlaba. Parte de su intención era derrocar al gobierno legítimo en Lima. Por mucho que quisieron los peruanos negar la existencia de Sendero Luminoso, no podían hacerlo. Era parte innegable de su condición y realidad nacional.

Con sus bombas, con sus secuestros, con sus sangrientos ataques a poblados indefensos, el Sendero Luminoso se hizo sentir. Aunque el gobierno elegido por el pueblo debería controlar y regir sobre todo el territorio nacional, la realidad es que este segundo, dañino y rebelde gobierno ilegítimo, ejerció su poderío.

Igual ocurre con el creyente en Cristo. A pesar de que pertenece al gobierno de Dios, hay otro poder dentro de su corazón que clama y demanda control. Dios debe ser el dueño total de su vida, pero desde que Adán y Eva se rebelaron contra Dios y se pusieron bajo el control del usurpador Satanás, el creyente vive en una lucha continua entre dos fuerzas antagónicas:

- La carne, dominada por la «ley del pecado».

- La nueva naturaleza («hombre interior» [v. 22]) que ha sido regenerada y se deleita en «la ley de Dios».

2. La segunda consideración es que el pecado no sólo hace demandas, también logra ejercer su influencia.

En Romanos 6.16 leemos: «*¿No sabéis que cuando os presentáis a alguno como esclavos para obedecerle, sois esclavos de aquel a quién obedecéis, ya sea del pecado para muerte, o de la obediencia para justicia?*»

El creyente, aunque pertenece a Dios, tiene la capacidad de pecar. ¿No has visto a creyentes con vicios? ¿No has visto a creyentes que se hacen esclavos de ciertos hábitos, que tienen problemas con algún pecado en particular? A veces parece que no los pueden vencer. El pecado parece reinar en ellos. Pero debemos recordar que el pecado no puede enseñorearse (Ro 6.14). Cristo destruyó el dominio que el pecado tenía sobre nosotros (Ro 8.2).

El pecado «reside» durante toda la vida, siempre está latente. Por eso el apóstol Pablo dice que el pecado «habita» en el corazón de todo hijo o hija de Adán y Eva. Durante toda la existencia humana el pecado es parte de nuestra experiencia.

3. La tercera consideración es que el pecado ofrece placer. Asimismo, el que rechaza el pecado será maltratado por los pecadores.

Un pasaje que explica esta verdad es Hebreos 11.24,25: «*Por la fe Moisés... rehusó ser llamado hijo de la hija de Faraón, escogiendo antes ser maltratado con el pueblo de Dios, que gozar de los placeres temporales del pecado.*»

- Las recompensas de la «ley del pecado» están en lo que la Escritura llama correctamente «los placeres temporales». Reconozcamos que el pecado da placer, de no ser cierto esto, ninguno de nosotros pecaría. Tan fuerte es la realidad de este placer y la incitación a disfrutar de sus frutos, que los hombres venden sus almas, su prestigio, sus posesiones por gozar de los deleites del pecado, aunque estos deleites sean temporales. El placer del sexo es real. El placer del dinero es real. El placer del poder es real.

• El vivir para Cristo y rechazar abiertamente ciertos «pecados» aceptados por la gente trae retribución. Ni aun a los creyentes les gusta que se les condene por cosas que ellos permiten. Por eso acusan de extremista o fanático al que desea vivir para Cristo.

Nos indica el texto que consideramos que el que rehúsa seguir a la carne y al pecado sufrirá «maltrato» con el «pueblo de Dios». Es una observación interesante. Un creyente que peca siempre es aceptado por otros pecadores. Pero un creyente que rechaza el pecado y vive santamente es «maltratado» por los pecadores. Los peligros, las penas, las burlas, el desprecio, la persecución, la soledad que a veces sufre un creyente, todo ello representa el «maltrato» de que habla Hebreos 11.25. Véase a los profetas. Véase a Esteban el mártir. Véase a Jesús. Bien nos dice el texto: *«Y en verdad, todos los que quieren vivir piadosamente en Cristo Jesús, serán perseguidos»* (2 Tim 3.12).

Conclusión

Esta vida será una lucha continua con la carne. Hemos de luchar literalmente contra el orgullo, la impureza, la codicia, el mal genio, la ira, los celos, etc. (sin hablar de cosas peores como el robo, el adulterio, pecados del sexo), hasta la muerte. Pues ciertamente la «ley del pecado mora» en nosotros.

9

Lo que hizo Cristo
Jesús en la cruz

9

Lo que hizo Cristo Jesús en la cruz

PARTE I

Un cínico consideraba toda la maldad que hay en el mundo. Un día se sentó para poner en papel sus conclusiones. La manera novedosa en que expresó sus sentimientos merece reflexión:

Una vez me arañó un gato; ya no quiero saber nada de los gatos.

También me mordió un perro; no quiero saber nada de los perros.

Un vendedor ambulante me engañó; no quiero saber nada de vendedores ambulantes.

Una maestra me avergonzó públicamente: ya no confío en maestros.

El pastor de mi iglesia dijo una mentira; ya no voy más a la iglesia.

Una mujer rechazó mi amor; ya no me interesan las mujeres.

Un policía me hizo una multa; no quiero saber de la policía.

Un extranjero se aprovechó de mí; no quiero trato con los extranjeros.

Un abogado me llevó a juicio; no confío en ningún abogado.

Un juez defraudó a un amigo mío; tampoco confío en los jueces.

Un amigo habló mal de mí; ya no quiero amigos.

Pero un buen día el diablo me contó lo que yo quería oír: que soy perfecto, que tengo mis derechos, que debo hacer lo que yo quiera. Creí todo lo que me contó, y me entregué a él. Ahora soy la persona más amargada y miserable del mundo.

¿Cómo reaccionas ante la creciente maldad que hay en el mundo? ¿Te llenas de indignación? ¿Procuras la vía del escape o de la negación? Mirémoslo desde otro ángulo.

Al considerar cómo reaccionas, bien podrías preguntar, ¿cómo ha reaccionado Dios ante la maldad de toda la humanidad?

La primera reacción divina la encontramos en el huerto de Edén. Dios se enfrenta a la pareja desobediente y a la serpiente que engañó a Eva: «*Haré que tú* [Satanás] *y la mujer sean enemigos, lo mismo que tu descendencia* [los hijos de tinieblas] *y su descendencia* [los hijos de luz]. *Su descendencia* [Jesús] *te aplastará la cabeza* [una herida mortal], *y tú le morderás el talón* [una herida de la que Jesús se recuperaría por Su resurrección]» (Gn 3.15, Versión Dios llega al hombre). En este texto, llamado el «protoevangelio», Dios maldice a la serpiente, pero a Adán y a Eva les da una promesa de salvación.

Siglos más tarde Dios de nuevo llega a otra pareja. A María, descendiente de Eva, le da un Hijo muy especial, y a José, descendiente de Adán, le da una promesa singular: «*Llamarás su nombre Jesús, porque él salvará a su pueblo de sus pecados*» (Mt 1.21).

Por el pecado de nuestros primeros padres, por el pecado que de generación a generación ha llenado la tierra de maldad y violencia, Dios podría habernos dado a todos las espaldas. Pero el Dios «*tierno y compasivo, paciente y grande en amor y verdad, que por mil generaciones se manifiesta fiel en su amor y perdona la maldad, la rebeldía y el pecado*» (Éx 34.6), envía a Jesús, Su Hijo unigénito, para salvarnos de nuestros pecados.

¿Cómo es que Jesús nos salva?

Esa salvación, ese rescate de los perdidos, esa vida eterna es lo que estudia la *soteriología*. Vocablo que proviene del término griego *soterion*, que significa rescate, liberación, seguridad, entrega, salida, preservación.

San Pablo, inspirado por el Espíritu Santo, nos da cuatro palabras clave para ayudarnos a comprender lo que significa nuestra salvación.

Propiciación

Como «propiciación» no es una palabra que usamos en nuestra conversación diaria, es probable que no la conozcamos. Propiciación significa «tapar», o «apaciguar», especialmente en relación a uno que está enojado; «propiciar o intervenir a favor de alguien que está bajo la ira furiosa de otro».

Citemos dos textos bíblicos que emplean este vocablo:

Romanos 3.25: «...*Cristo Jesús, a quien Dios exhibió públicamente como* propiciación *por su sangre...* »

1 Juan 4.10: «*En esto consiste el amor de Dios, que envió a su Hijo como* propiciación *por nuestros pecados.*»

Para entender el uso de «propiciación» con referencia a Cristo Jesús tenemos que entender, en primer lugar, la reacción de Dios ante el pecado de los hombres. Dios está airado. Por ejemplo, leemos: «...*grande es la ira de Jehová que se ha encendido contra nosotros, por cuanto nuestros padres no escucharon las palabras de este libro, para hacer conforme a todo lo que nos fue escrito*» (2 R 22.13).

A través de toda la Biblia hallamos la expresión «la ira de Dios...» (50 pasajes en el Antiguo Testamento, 22 en el Nuevo). Cada vez que aparece esa expresión es a consecuencia de la desobediencia o el pecado de los hombres. San Pablo lo reitera con gran vigor cuando dice:

«*Porque la ira de Dios se revela desde el cielo contra toda impiedad e injusticia de los hombres*» (Ro 1.18).

Hoy día tanto se enfatiza el amor de Dios que nos es difícil pensar en un Dios airado. Pensamos: «Dios ama al hombre, ¿cómo puede estar airado con nosotros?» Podríamos ilustrar esta sencilla paradoja con el ejemplo de un padre que ama a su hijo, pero reacciona con gran ira cuando ese hijo repetidamente le desobedece.

¿Cómo piensas que se siente Dios al ver la horrible iniquidad que azota a nuestro mundo moderno, no importa en qué país o en qué ciudad? Hay una ola de maldad, odio, crimen, violencia, y pecado de toda clase que se levanta en desafío contra el Dios santo y justo. Dios, nos dice la Biblia, está airado, y con mucha razón.

En Apocalipsis, comenzando con el capítulo 15, leemos la predicción de las últimas siete calamidades que han de venir sobre este mundo: *«Vi en el cielo otra señal grande y asombrosa: siete ángeles con las últimas siete calamidades, con las cuales llegaba a su fin la ira de Dios.»*

La ira de Dios: Antropomorfismo

Hay un término que se utiliza en teología para explicar los sentimientos divinos: antropomorfismo (*antropos*: hombre; *morphos*: forma). Es un concepto muy útil cuyo sentido necesitamos comprender.

Es una palabra que nos explica el Dr. Nyenhuis en el estudio de FLET sobre Dios. ¿Cómo puede nuestro glorioso Dios hacerse entender por nosotros, seres limitados y finitos? Él, siendo inefable, usa terminología humana, conceptos humanos, para explicar lo que de otra manera nos sería incomprensible.

La ira es algo que todos hemos sentido: un padre enojado, un jefe enojado, un policía enojado. Cuando se aplica tal enojo a Dios tenemos que recordar (como aprendimos en el estudio de Dios) que todos los atributos de Dios operan en unidad perfecta. Un atributo en particular no predomina sobre los demás. Así, en cuanto a Dios, aunque su ira no es un atributo, está equilibrada con el atributo de justicia, y su justicia con su amor, etc. Por lo tanto decimos que la ira de Dios no es malévola, no es caprichosa ni vindicativa.

Pero es ira justa y real. El hombre o la mujer que no viene al arrepentimiento sentirá hoy o mañana la furia merecida por su pecado. Recuérdese el diluvio (Gn 6), a Sodoma y Gomorra (Gn 19), a Ananías y Safira (Hch 5). El mismo Jesús dijo: «*No temáis a los que matan el cuerpo, mas el alma no pueden matar; temed más bien a aquel que puede destruir el alma y el cuerpo en el infierno*» (Mt 10.28).

Propiciación: El remedio contra la ira divina

Leímos al principio de esta discusión el texto: «*En esto consiste el amor de Dios, que envió a Su Hijo como propiciación por nuestros pecados*» (1 Jn 4.10). Cristo Jesús aplacó la ira de Dios cuando murió en la cruz, asumiendo en ese acto voluntario el castigo que todo pecador merecía. Sobre Él, en esa cruenta cruz, la justa ira de Dios fue descargada. Él tomó nuestro merecido castigo. Allí apaciguó la ira divina. Por esa verdad es que todo aquel que en Él cree (acepta a Cristo como su sustituto) ya no está bajo la ira divina, sino que disfruta de la gracia, el perdón, y el favor de Dios.

La propiciación, entonces, es la primera gran verdad que aprendemos en cuanto a la solución de Dios para nuestra condición de pecadores.

Al recibir esta enseñanza, recordemos que todo aquel que rechaza a Jesús, que desprecia ese magnánimo sacrificio, no sólo sigue bajo la temible ira de Dios sino que esta se multiplica por el sencillo hecho de haber despreciado el remedio de Dios por medio de Su Hijo amado.

PARTE II

Redención

San Pablo habla de un segundo término que también está cargado de profundo significado en cuanto a la solución divina para el pecado: redención.

Redención quiere decir: Pagar la demanda que pide la ley. Se redime algo cuando se paga su valor total para poder poseerlo. Nos dice San Pablo que Jesús ha logrado tal redención para nosotros:

Efesios 1.7: «*En él tenemos redención mediante su sangre.*»

Colosenses 1.12,13: «*... Su hijo amado, en quién tenemos redención, el perdón de los pecados.*»

Una casa de empeño nos sirve de ilustración. Supongamos a un joven que desea darle un anillo de compromiso a la novia que ama de todo corazón. El problema es que no le alcanza el dinero para pagar tal prenda; como la ama quiere entregarle algo de gran valor. ¿Cómo puede solucionar su problema? Recuerda que su abuelo le regaló un reloj de oro muy valioso. Para no perderlo lo guardó en una caja fuerte. Ahora se da cuenta de que ese valioso reloj le puede dar la solución.

Lo lleva a una casa de empeño. Lo entrega. Recibe lo suficiente para comprar la joya para su novia. Esta se alegra al recibirla. Anuncian el día para la boda. Y viven felices para siempre... hasta que el joven se acuerda de su abuelo. Le pesan las palabras del abuelo que le dijo: «Nunca pierdas este reloj. Llévalo contigo siempre para que recuerdes mi amor por ti.» El joven ahora no puede descansar hasta tener de nuevo ese reloj, símbolo de tanto amor. Así que trabaja, lucha, ahorra hasta tener suficiente dinero para regresar a la casa de empeño. Pagando el precio redime el reloj de oro.

De esta y de muchas otras maneras se puede ilustrar la hermosa historia de la redención del hombre por Cristo Jesús.

En tiempos de esclavitud, todos los hijos nacidos de los esclavos pasaban también a ser posesión del amo. Nada le pertenecía al esclavo; todo era propiedad del dueño.

En el huerto de Edén hubo una autoventa: nuestros primeros padres, al comer de la fruta prohibida, se vendieron a la esclavitud del pecado. Desde entonces, automáticamente, todo ser nacido pertenece al pecado. Pero Dios, nuestro primer dueño, nos amó tanto que para rescatarnos de esa terrible esclavitud mandó a Su Hijo para redimirnos. Él, con Su sangre, pagó el precio total de nuestra redención.

Se cuenta de una ocasión en que el famoso Abraham Lincoln libertó a una esclava. En una gira política como candidato a la presidencia, llegó a un poblado en el momento que vendían esclavos en la plaza central. Una joven negra, agraciada y hermosa, fue ofrecida en venta. Lincoln se acercó para ver la suerte de la joven. Viendo las miradas lujuriosas de los que hacían proposiciones por ella, con compasión decidió rescatarla. Ganó la subasta y con mucha dificultad llevó a la renuente esclava a su carroza. Ella, no sabiendo qué esperar, miraba a Lincoln con odio y desprecio. Pero él, tomando el documento de venta, lo firmó, declarándola libre. La desencadenó y soltó diciendo: «Te compré para darte libertad.» Ella, por fin reconociendo el acto misericordioso por parte de aquel hombre desconocido, comenzó a llorar de gratitud. Se tiró de rodillas ante él y entre sollozos le dijo: «Si eres un caballero tan noble y generoso, me entrego libremente para servirte el resto de mi vida.»

¡Qué ejemplo de lo que hizo Jesús! Nos dice San Pedro: *«No habéis sido redimidos... con cosas perecederas como oro o plata, sino con la sangre preciosa de Cristo, como de un cordero sin tacha y sin mancha.»*

Si tú y yo hemos sido redimidos a cambio de tan grande precio, ¿por qué seguimos entregándonos al pecado? (Véanse Hch 20.28; 1 Co 6.19,20; 7.23; 2 P 2.1.)

Justificación

La justificación tiene que ver con un problema sumamente serio en cuanto a Dios y al hombre. Dios es santo. El hombre es pecador. ¿Cómo puede ese Dios santo tener contacto con un pecador? Para que esto sea posible, Dios tiene que limpiar al hombre de su pecado. ¿Cómo logra Dios esa limpieza? Lo hace a través del proceso de justificación. Veamos lo que esto comprende.

Este término merece una clara explicación ya que es un proceso indispensable para nuestra salvación. Tiene que ver con el cumplimiento de las demandas de la ley, las demandas de la justicia. Una persona justificada es aquella a la cual no se le atribuye pena por delitos cometidos.

San Pablo aclara que envuelta en el proceso total de salvación está la necesidad de ser justificados ante Dios:

Romanos 3.24: «*Siendo justificados gratuitamente por su gracia por medio de la redención que es en Cristo Jesús.*»

Romanos 4.25: «[Jesucristo] *el cual fue entregado por causa de nuestras transgresiones y resucitado por causa de nuestra justificación.*»

Romanos 5.9: «*Habiendo sido ahora justificados por su sangre, seremos salvos de la ira de Dios por medio de él.*»

Hay dos términos legales que nos conviene comprender: «amnistía» y «justificación»:

- *Amnistía*: perdonar sin castigar (donde no hay aplicación de justicia sino perdón arbitrario). El de Dios no es arbitrario, en el sentido de que Su divina justicia demanda castigo de muerte. «La paga del pecado es muerte.» Dios demanda la muerte del que tiene pecado.

- *Justificación*: en su sentido judicial indica que todas las demandas de la ley han sido satisfechas: al que era culpable se le declara justo, sin delito. Aplicándose esto al obrar de Dios, quiere decir que para justificar tiene que haber muerte, ya que esto es lo que Su divina ley demanda.

Quizás una ilustración lo aclare.

Cuando salí de Cuba a los quince años de edad, mis padres me mandaron a casa de mi abuela que vivía en el oeste de Canadá. Mucho podría decir de aquella mujer piadosa, presbiteriana de pie a cabeza, que amaba y servía a Dios de todo corazón. Baste decir que tuvo nueve hijos, y antes de nacer cada uno, mientras todavía los llevaba en el vientre, los dedicaba al servicio misionero. ¡Cómo llegué a amar y apreciar a esa santa mujer!

Una vez le pregunté si había tenido problemas con alguno de sus hijos. ¿Para qué le pregunté? Comenzó a contarme historia tras historia de Cliff, su primogénito. Era rebelde, travieso, y contradictor. Su comportamiento desesperaba a mi abuela.

Me contó de cuán difícil era disciplinarlo, ya que al parecer no respondía a ningún castigo. Una vez mi abuelo lo llevó al establo donde guardaban caballos y vacas para castigarlo por una falta. Mi abuelo, hombre de pocas palabras pero de gran carácter cristiano, tomó un látigo que usaba para controlar a los caballos. Puso el látigo en manos de su hijo Cliff, y entonces quitándose la camisa, dijo:

—Hijo, hoy voy a llevar el castigo que tú mereces. Pégame con el látigo en la espalda hasta que fluya la sangre.

—Pero, papá, yo soy el culpable, no tú. No puedo pegarte —dijo el asombrado muchacho. —Sí, hijo. Tu pecado tiene que ser castigado. Y yo voy a recibir tu castigo.

Mi abuela lloraba al contarme la historia. Le pregunté si Cliff cumplió con la demanda de su padre.

—Sí —me dijo—, hasta que derramó sangre. Tu abuelo llevó las cicatrices hasta su muerte. Él era así; quieto pero severo.

—Y ¿cómo correspondió Cliff? —indagué.

—Por primera vez comprendió lo que Cristo había hecho por los pecadores —me dijo. (De paso, Cliff, más tarde, fue al África de misionero.)

113

No conozco historia que explique la obra de justificación por Cristo. Él, en la cruz, tomó el castigo en lugar de nosotros. Los latigazos se los dimos a Él, nosotros, seres malvados.

Nosotros, los hombres, lo clavamos sobre ese madero, por nuestros pecados. Nosotros, los hombres, lo coronamos con esa cruel corona de espinas. Nosotros, los hombres, lo levantamos sobre esa cruz. Nosotros, los hombres, abrimos su costado con una lanza. Nosotros, los hombres, nos burlamos de Él mientras sufría muerte sin queja alguna. La única palabra que emitió dirigida a los que le crucificaban fue: «*Padre, perdónalos, porque no saben lo que hacen.*»

Yo culpable; Cristo Jesús inocente. Él, sobre la cruz, tomó mi castigo para poder declararme perdonado y sin mancha, tan limpio como si nunca hubiera pecado.

Hay una ilustración que me gusta usar cuando predico sobre la justificación. Apunto a la luz que alumbra el púlpito y digo que esa luz representa a Dios. El micrófono que está sobre el púlpito me representa a mí. Dios me contempla, y me ve en todo mi pecado. Su justa ira recae sobre mí. Pero, entonces acudo a Cristo Jesús (uso la Biblia para representar a Cristo). Interpongo la Biblia entre la luz y el micrófono (representando a Cristo interponiéndose entre Dios y el pecador). Cuando Dios me mira ahora, ¿qué ve?, ¡a Cristo, al Cordero sin mancha! Ahora, ¿cómo me ve Dios a mí? Me ve a través de Cristo. Como Cristo es limpio, me ve limpio también. No es la impureza mía lo que ve, sino la pureza de su Hijo. Por razón de la muerte de Jesús, Dios me atribuye la justicia de Él.

La justificación no quiere decir que ya no peco ni que no tengo pecado. La justificación quiere decir que, cuando acepto a Jesucristo como mi sustituto por fe, Dios me declara sin pecado. Por los méritos de Cristo me declara sin culpa, como si nunca hubiera pecado. Mi limpieza está en Cristo Jesús y no en mis obras ni méritos.

PARTE III

Reconciliación

Para estar completa, la salvación necesita de un elemento más: la reconciliación con Dios.

Pongámoslo así. Por el proceso de propiciación Cristo pudiera haber quitado la ira de Dios. Ya con eso mucho se habría logrado. Pero Dios con amor, añadió un elemento más: la redención. Con esos dos favores, ya no sufría la ira divina. Fui librado de la esclavitud al pecado (libre para escoger el pecar o no). En su bendita gracia añadió otro favor: la justificación. Escondido en Cristo, Dios me miraba completamente perdonado y limpiado de mi pecado. Ahí pudiera haber terminado la oferta divina. Y ¡cuán grande gracia habría sido todo eso! Pero Dios en su soberanía quiso agregar algo más: reconciliación. ¡Relación! ¡Comunión! ¡Amistad! ¡Compañerismo! ¡Unión! ¡Cielo!

Reconciliación, para citar al predicador Alfredo Smith de Argentina, quiere decir: «Volver a unir lo que antes estaba unido; volver a hacer amigos a los que se hicieron enemigos.»

Antes de pecar, nuestros primeros padres disfrutaron de la comunión íntima con Dios. En el atardecer, Dios se les aparecía en el huerto de Edén para disfrutar amistad y comunión con ellos. Entonces vino la interrupción del pecado. Y Dios, por fuerza, tuvo que separarse de aquellos que contradijeron su ley. Ahora vemos cómo somos reconciliados con Dios por medio de Cristo:

Romanos 5.10: «*Porque cuando éramos enemigos, fuimos reconciliados con Dios por la muerte de su Hijo.*»

2 Corintios 5.17–19: «*De modo que si alguno está en Cristo, nueva criatura es; las cosas viejas pasaron; he aquí todas son hechas nuevas. Y todo esto procede de Dios, quien nos reconcilió consigo mismo por medio de Cristo, y nos dio el ministerio de la reconciliación; que Dios estaba en Cristo reconciliando al mundo consigo mismo, no tomando en*

cuenta a los hombres sus transgresiones, y nos ha encomendado a nosotros la palabra de reconciliación.»

De todos los términos estudiados, este es el más emotivo. La mayoría hemos experimentado una que otra reconciliación, al haber tenido un malentendido con un amigo o con un familiar. ¡Qué lindo cuando una pareja —un matrimonio— se reconcilia, cuando un hijo se reconcilia con su padre!

Vale repetir la historia del hijo que salió de su casa por la ira del padre. Sus diferencias eran irreconciliables. Cada vez que se encontraban, todo lo que hacían era pelear. Así que el hijo un día empaquetó sus valijas y se fue a California (donde al parecer se fugan los hijos que abandonan sus hogares en los Estados Unidos).

Allá en California vivió perdidamente, tratando de olvidar sus penas familiares por medio del placer. Pero, en la providencia divina, se encontró con una señora cristiana que se compadeció del joven. Lo llevó a su casa, lo cuidó, lo vistió, y le dio hogar. También le dio el evangelio. Y un buen día, el joven se entregó a Cristo.

Con ese encuentro, que cambió su corazón, un deseo de reconciliarse con su padre lo llenó. Pero tenía temor de su padre. Todavía recordaba las peleas, las palabras, y los malentendidos. Decidió escribirle a su mamá y de esa forma averiguar el estado de ánimo de su padre.

La madre, contenta de recibir carta de su hijo perdido, contestó de inmediato rogándole que regresara a casa. Pero no le dijo nada del padre. Todavía temeroso, el joven escribió a su mamá de nuevo. Le dijo que tomaría el tren de regreso pero la advertía lo mucho que temía a su padre, indicándole que no quería llegar a casa sin estar seguro de que él lo recibiría. Le pidió que si el padre estaba dispuesto a perdonarlo y a reconciliarse con él, que colgara una sábana del árbol en el patio de la casa. Al pasar en el tren (que precisamente corría por detrás de la casa) vería el árbol. Si colgaba la sábana, él llegaría a la casa.

Acercándose al poblado donde vivían, el joven tenía la cara pegada a la ventanilla del tren. Por fin pudo distinguir su casa... y el árbol. ¡Este estaba cubierto de sábanas! El padre lo recibía; el padre quería reconciliarse con él.

Sobre el árbol del Calvario Dios ha colgado sus sábanas de reconciliación. Tan cargado está de ellas que es lo único que se puede ver. Dios busca a su criatura perdida. Dios brinda propiciación, redención, y justificación. Pero sobre todo nos ofrece reconciliación.

El hombre que antes ofendía a Dios, ahora, por la obra completa y perfecta de Cristo Jesús, puede levantar su rostro al cielo y decir: «¡Padre!» Y ese Padre lo oye, y le responde, y lo ama, y lo escucha, y lo ayuda, y le prepara morada eterna.

¡Cuán gloriosa es la obra de salvación!

Cuán espantoso es pensar que el ser humano, sumido en sus pecados, desprecie esta provisión tan grande.

10

*El querer y hacer
la voluntad de Dios*

10

El querer y hacer la voluntad de Dios

PARTE I

No es muy común que me despierte y me encuentre en casa. Estaba, como de costumbre, viajando. Me acosté en el hotel consciente de que a la mañana siguiente me tocaba dar una charla. Estaba preocupado por un tema apropiado. Quizás fue esa preocupación lo que me ocasionó el sueño. El caso es que me desperté orando, y en mi sueño la petición era ferviente e insistente: «Señor, quiero caminar contigo. Perdóname porque siempre insisto en andar por mi propio camino.»

Por supuesto, era un sueño. Pero la realidad de esa petición se me quedó grabada. Esa mañana, cuando expuse la charla, hablé sobre Enoc.

«Y caminó Enoc con Dios, después que engendró a Matusalén, trescientos años, y engendró hijos e hijas, Y fueron los días de Enoc trescientos sesenta y cinco años. Caminó pues Enoc con Dios, y desapareció, porque le llevó Dios.»

Imagínese caminar con Dios, día a día, sin falta por 300 años. Una vida donde sólo una cosa importa: agradar a Dios semana tras semana, año tras año... y hacerlo por 300 años! Fue un andar tan íntimo y tan agradable que, como dice el texto, «desapareció, porque le llevó Dios».

Enoc creyó en Dios, y rehusó todo pensamiento que se opusiera a Dios. Su mente era cautiva de Cristo. ¿Cómo podía tener tal fe?

Precisamente porque su mente no estaba llena de dudas acerca de si Dios es o no es. Al contrario, toda su conducta se basaba en el hecho de la existencia de Dios. Dios es, por lo tanto, Dios habla, Dios ve, Dios actúa, Dios controla, Dios ordena, Dios sabe, Dios está presente. Tal fe produce una conducta obediente a Dios. Más aun, al creer tan firmemente en la existencia de Dios, era lógico que Enoc viviera para la recompensa que Él ofrece a los que le son fieles. También San Pablo creyó en esto. Por lo tanto imitó a Enoc: «*Una cosa hago... prosigo a la meta, al premio del supremo llamamiento de Dios*» (Fil 3.13,14).

Eva, al contrario, le creyó a Satanás cuando la tentó, en vez de creerle a Dios. Sin embargo, no olvidemos que Enoc, igual que nosotros, también fue hijo de Adán. De modo que lo que se dice de Set también podría decirse de Enoc: «*Y* [Adán] *engendró a un hijo a su semejanza, conforme a su imagen, y llamó su nombre...* [Enoc]» (Gn 5.3). Nosotros, al nacer hijos de Adán, como hemos visto, también heredamos su imagen, una naturaleza pecadora. Nuestra tendencia natural es ceder a los apremios de la carne. Vivir santamente es un esfuerzo continuo. Por lo tanto, el ejemplo de una vida tan fiel nos asombra, pues es algo verdaderamente raro en la conducta humana.

Hay un detalle más: la información biográfica sobre Enoc termina de forma abrupta. «*Caminó pues Enoc con Dios, y desapareció, porque le llevó Dios.*» Un buen día la gente se levantó para hacer lo de siempre, pero Enoc no estaba con ellos. Era —por su caminar— un personaje del cual el mundo no era digno (Heb 11.38). Y Dios se lo llevó anticipadamente a su divina presencia.

Contrariamente podríamos decir que hoy en día no caminamos mucho. Andamos en bicicleta, en bus, en auto, o en avión. Pero ¿caminar? No nos gusta. Si así somos en nuestro andar cotidiano, cuánto menos en nuestro «caminar con Dios». ¡Trescientos años sin falla! Y yo —y posiblemente tú— que tengo problemas con caminar un solo día en perfección ante Dios.

Tal estilo de vida, tal ambición espiritual es realmente rara. Particularmente en nuestros días cuando todos, al parecer, buscamos agradarnos a nosotros mismos. Rara aun entre los que nos llamamos cristianos: vivimos en una era tan egocéntrica y permisiva. Pero si Enoc con la ayuda del Espíritu Santo pudo andar en perfección ante Dios por 300 años en aquel mundo tan depravado, entonces también es posible para otro hijo de Adán en esta era corrompida andar de forma que agrade a Dios.

¿Cómo lo hiciste, Enoc? preguntamos. ¿Cuál fue tu secreto? ¿Cómo puedo seguir tus huellas?

La respuesta la da otro gran caminante, Saulo de Tarso, cuyo nombre en griego es Pablo. Escribiendo a Timoteo dice: *«Cristo Jesús vino al mundo para salvar a los pecadores, de los cuales yo soy el peor»* (1 Tim 1.15, Nueva Versión Internacional). Pablo reconoce su herencia adámica. «*Yo soy el peor*», dice. Pero enseguida reconoce que Cristo vino a salvarnos del pecado. ¿Cómo es que nos salva?

La obra del Espíritu Santo

Al estudiar el capítulo siete de Romanos, aprendimos que para el apóstol la vida era una lucha: un profundo deseo de agradar a Dios junto con manifestaciones de su pecaminosidad. Oímos su llanto desesperado: «*¡Miserable de mí! ¿Quién me librará de este cuerpo de muerte?*» Y vimos que Dios proveyó la respuesta perfecta en Jesucristo, por su «propiciación», su «redención», su «justificación», y su «reconciliación».

Hasta el momento sabemos que (1) por ser hijos de Adán somos todos pecadores, pero, (2) por poner nuestra fe totalmente en Cristo Jesús, somos a la vez hijos de Dios. Es como tener dos familias. De la primera no estamos muy orgullosos, precisamente por la desgracia del pecado y nuestra propensión a pecar. No podemos dejar de ser humanos, aunque somos también adoptados en la familia de Dios... si es que Cristo nos ha redimido con su sangre (Ro 8. 15; Gál 4.5; Ef 1.5). La enseñanza bíblica de que somos «hijos adoptados» nos ayuda a entender la idea de dos padres: hijos de Adán, nuestro padre natural, e hijos adoptados por un nuevo Padre, Dios. Igual que un niño que es adoptado por una familia tiene un nuevo padre y a la vez retiene todos los genes heredados de su padre natural, nosotros en el aspecto espiritual somos parecidos. Pero, si Dios es nuestro nuevo padre, «¿Cómo podemos disfrutar a plenitud los beneficios espirituales que ahora nos corresponden como hijos adoptados?»

En el capítulo ocho de Romanos San Pablo revela estos secretos espirituales.

Comienza con muy buenas noticias: *«Ahora, pues, ninguna condenación hay para los que están en Cristo Jesús...»* Si pertenezco a Cristo, en virtud de mi fe, la conciencia no puede acusarme por todo mi pasado. Pero el apóstol sigue con una cláusula condicional: *«no hay condenación para los que no andan según la carne, sino conforme al Espíritu.»*

Hay, entonces, dos maneras en que puede vivir un ser humano: 1. «Según la carne». 2. «Según el Espíritu». Veamos el texto.

Romanos 8.1–17

Ahora, pues, ninguna condenación hay para los que están en Cristo Jesús, los que no andan conforme a la carne, sino conforme al Espíritu.

Porque la ley del Espíritu de vida en Cristo Jesús me ha librado de la ley del pecado y de la muerte.

Porque lo que era imposible para la ley, por cuanto era débil por la carne, Dios, enviando a su Hijo en semejanza de carne de pecado y a causa del pecado, condenó al pecado en la carne.

Para que la justicia de la ley se cumpliese en nosotros, que no andamos conforme a la carne, sino conforme al Espíritu.

Porque los que son de la carne piensan en las cosas de la carne; pero los que son del Espíritu, en las cosas del Espíritu.

Porque el ocuparse de la carne es muerte, pero el ocuparse del Espíritu es vida y paz.

Por cuanto los designios de la carne son enemistad contra Dios; porque no se sujetan a la ley de Dios, ni tampoco pueden; y los que viven según la carne no pueden agradar a Dios.

Mas vosotros no vivís según la carne, sino según el Espíritu, si es que el Espíritu de Dios mora en vosotros. Y si alguno no tiene el Espíritu de Cristo, no es de él.

Pero si Cristo está en vosotros, el cuerpo en verdad está muerto a causa del pecado, mas el Espíritu vive a causa de la justicia.

Y si el Espíritu de aquel que levantó de los muertos a Jesús mora en vosotros, el que levantó de los muertos a Cristo Jesús vivificará también vuestros cuerpos mortales por su espíritu que mora en vosotros.

Así que, hermanos, deudores somos, no a la carne, para que vivamos conforme a la carne; pPorque si vivís conforme a la carne, moriréis, mas si por el Espíritu hacéis morir las obras de la carne, viviréis.

Porque todos los que son guiados por el Espíritu de Dios, éstos son hijos de Dios.

Pues no habéis recibido el espíritu de esclavitud para estar otra vez en temor, sino habéis recibido el espíritu de adopción, por el cual clamamos: ¡Abba, Padre!

El Espíritu mismo da testimonio a nuestro espíritu, de que somos hijos de Dios.

*Y si hijos, también herederos con Cristo, si es que pade-
cemos juntamente con él, para que juntamente con él seamos
glorificados.*

Veamos, en primer lugar, que la lectura de estos textos
claramente enseñan que «según la carne» o, «según el
Espíritu» son los dos distintos modos del andar de un hijo de
Adán. Para San Pablo la «carne» es sinónimo de estar sin
Cristo, sin redención (1 Co 15.50). Interpretando a Pablo
equivocadamente, algunos maestros han creado tres niveles
de vida: 1. Persona sin Cristo. 2. Convertido que desobedece
a Dios («cristiano carnal»). 3. El cristiano fiel, que vive según
el Espíritu. Un estudio cuidadoso del uso de la palabra
«carne» por Pablo muestra que se refiere a un impío, a un
inconverso que vive en sus pecados.

Voy a decir algo que seguramente sorprenderá a muchos.
Pido su cuidadosa atención al analizar las razones que nos
llevan a tratar este tema. El concepto de un «cristiano carnal»,
en el sentido de una categoría de vida cristiana caracterizada
por las «obras de la carne» no es bíblico, es un invento
relativamente moderno. Sí, es cierto que Pablo usa el término
«carnales» (*sarkinoi*) refiriéndose a los creyentes de Corinto
(1 Co 3.1), pero inmediatamente explica el significado de tal
descripción. Los corintios estaban exhibiendo ciertas actitudes y conductas de inconversos: «celos, contiendas, disen-
siones», lo cual era reprobable. Piénselo bien, una cosa es
manifestar temporalmente ciertas características «carnales»,
otra cosa es «vivir» en un constante y total estado de carnalidad. Para Pablo «*andar conforme a la carne*» (Ro 8.4) es vivir
como un impío, un inconverso, y no una categoría de vida
permitida para un creyente. Cuando establecemos la categoría
de «creyentes carnales» estamos aprobando un estilo de vida
que acepta y permite el pecado. Ni San Pablo, ni Dios, ni tú
ni yo podemos excusarnos para vivir habitualmente en el
pecado. Nótese con qué claridad el apóstol condena tal idea;

dice: «*Vestíos del Señor Jesucristo y no proveáis para los deseos de la carne*» (Ro 13.14).

En el pasaje que consideramos, San Pablo señala: «*Mas vosotros no vivís según la carne, sino según el Espíritu, si es que el Espíritu de Dios mora en vosotros. Y si alguno no tiene el Espíritu de Cristo, el tal no es de él*» (Ro 8.9). Con esas palabras enfatiza lo que estamos afirmando: ser salvo significa «no vivir según la carne». Hemos recibido una vida nueva, un corazón nuevo creado por Dios. La carne es del pasado, de la vida inconversa. Si tenemos a Cristo, el Espíritu Santo nos transforma para vivir de acuerdo con aquello que complace a Dios, no a la carne.

En segundo lugar, pues, es la obra del Espíritu de Dios lo que, por ese proceso de regeneración y santificación, constituye la diferencia entre vivir en la carne (siguiendo los apetitos naturales de nuestra naturaleza adámica) o vivir «en el Espíritu» (como un hijo transformado por Dios).

En tercer lugar, se establece el gran poder del Espíritu Santo. Él es el que «resucitó a Cristo de entre los muertos»; y esa misma tercera persona de la Trinidad es la que nos da ese eficaz poder transformador para vivir «según el Espíritu», es decir, de manera que podamos agradar a Dios.

En cuarto lugar, si somos de Cristo, el Espíritu de Dios mora en nosotros (no parcialmente, sino con todo su poder: ¡el poder de la resurrección!). Si el Espíritu de Dios no mora en nosotros, entonces no somos de Cristo (v. 9). Claramente el apóstol enseña que debemos tener a Cristo y al Espíritu Santo; no podemos tener a uno sin el otro. Entonces no es, lo que a veces erróneamente se enseña, que primero se recibe a Cristo, y que luego, en otro momento, se recibe al Espíritu Santo. La salvación, la regeneración es obra especial del Espíritu de Dios y no ocurre sin su divina intervención.

Es indispensable que un hijo de Dios tenga al Espíritu Santo en su vida, pues sin la poderosa obra del Espíritu no hay salvación, no hay regeneración, no hay cambio, ni victoria sobre el pecado. *«Y si el Espíritu de aquel que levantó de los muertos a Jesús mora en vosotros, el que levantó de los muertos a Cristo Jesús vivificará también vuestros cuerpos mortales por su Espíritu que mora en vosotros»* (v. 11). El poder de una nueva vida —que rechaza el pecado y vive para agradar a Dios— viene del Espíritu. Es un poder transformador, que da vida a los muertos en delitos y pecados. Él es quien actúa en nuestros «cuerpos mortales». El Espíritu Santo nos está cambiando, santificando, preparando para el cuerpo inmortal (lo que 1 Co 15.44 llama «cuerpo espiritual») que tendremos en el cielo.

En quinto lugar, el Espíritu Santo es nuestro guía (v. 14).

Ahora, la idea de «guía» aquí tiene que ver con mostrarnos el camino correcto, evitando el pecado y buscando la justicia. No es esa idea popularizada en nuestros días de que el Espíritu de Dios nos va dictando a dónde ir, con quien conversar, qué empleo aceptar, qué viaje hacer, etc. No, no, no, no. Esto no es lo que dice el texto. Dios no es un guía turístico, ni mucho menos un agente de empleos. La preocupación de Dios en tu vida y en mi vida es que no pequemos. El pecado es lo que trae la ira de Dios. Es del pecado, aquello que causó la muerte de Cristo, que el Espíritu ha venido para librarnos. El pecado en nosotros —esa tendencia nuestra a complacer los deseos de la vieja naturaleza adámica— es la preocupación del Espíritu de Dios.

¿Cómo obra el Espíritu en nosotros? Nos enseña el camino a través de la Biblia, dándonos entendimiento para comprender lo que Dios nos ha revelado. Cristo habló de esto mismo cuando dijo: *«Mas el Consolador, el Espíritu Santo, a quien el Padre enviará en mi nombre, él os enseñará todas las cosas, y os recordará todo lo que yo os he dicho»* (Jn 14.26). La obra del Espíritu de Dios es aplicar la Biblia, la palabra de Cristo, al vivir diario de un hijo de Dios. Por la Biblia Él nos enseña lo que es correcto, lo que está conforme a la voluntad de Dios, y lo que es pecado, de la carne. Si un hijo de Dios no estudia su Palabra, difícilmente podrá el Espíritu aplicarla a esas áreas pecaminosas que cada día nos azotan.

PARTE II

San Pablo escribiendo a los filipenses dice: *«Ocupaos en vuestra salvación con temor y temblor, porque Dios es el que en vosotros produce así el querer y el hacer, por su buena voluntad»* (Fil 2.12,13).

Pareciera contradictoria esa admonición. ¿Cómo pide que nos preocupemos por nuestra salvación cuando indica que es Dios, por el Espíritu Santo, quien pone en nuestros corazones tanto el querer como el hacer su buena voluntad? Precisamente porque Dios no nos ha sacado de la esclavitud de Satanás para hacernos esclavos nuevamente. Somos «hijos». Le llamamos «Padre».

Vivir para Dios, si no te has dado cuenta, es algo que tú y yo escogemos. No es algo que Él impone a la fuerza. Un cristiano debe vivir para agradar a Dios y no para satisfacer la carne. Vivir para la carne es un camino de autodestrucción: trae muerte. Vivir para Dios trae glorificación (Ro 8.17).

«Mas si por el Espíritu hacéis morir las obras de la carne, viviréis» (Ro 8.13). En otras palabras, al escoger rechazar los apetitos de la carne, recibimos el poder para vivir conforme a la voluntad de Dios. La nueva naturaleza de Cristo en nosotros nos hace desear las cosas de Dios y nos da el poder para hacerlas. Pero aun más, el Espíritu Santo también nos «guía» en los caminos de Dios. «Porque todos los que son guiados por el Espíritu de Dios, estos son hijos de Dios» (Ro 8.14).

El que ha venido para residir en mi cuerpo mortal es Santo, es Poderoso; también es mi Guía. Yo —por cuenta de mi naturaleza adámica— no soy buen consejero para mí mismo. Si sigo mis inclinaciones personales regresaré a vivir, como lo hacía antes de conocer a Cristo, en la carne (véase

Gál 4.8,9). Pero si sigo las instrucciones del Espíritu Santo, Él me guiará por hermosos caminos de rectitud.

Él ha venido a mi corazón no meramente para sugerirme lo que debo hacer, no solo para señalar la dirección que debo tomar, ni para despertar ciertas consideraciones en mi mente, sino para tomar el timón de mi vida, y hacer que mi frágil nave prosiga en una dirección correcta. Él me conforma a la imagen de Cristo.

Antes era esclavo del pecado. Ahora un nuevo poder ha entrado en mi vida para romper ese yugo y guiarme poderosamente en la senda que agrada a Dios. *«Deudores somos, no a la carne, para que vivamos conforme a la carne»* (v. 12) *«sino que habéis recibido el espíritu de adopción, por el cual clamamos ¡Abba, Padre!»* (v. 15).

Antes era esclavo de la carne. Ahora soy «HIJO», libre para obedecer a mi Padre. Ese Padre no es un padre consentidor, permisivo, que no le importa mucho lo que hago, sino un Padre que controla y gobierna en justicia. Y su Espíritu Santo me da la fuerza para seguir en ese camino de obediencia.

Podríamos ilustrar ese «guiar» poderoso del Espíritu Santo usando un auto como ejemplo. El Espíritu Santo sostiene el timón de modo que el vehículo anda en dirección correcta. Sin embargo, yo soy el que piso el acelerador, para determinar la velocidad del avance.

En la vida cristiana mi parte es andar, mover, trabajar, obedecer, sudar, sufrir, seguir con fidelidad. Lo que le corresponde al Espíritu Santo es apoderarme y mantenerme en la senda de rectitud hasta llegar a la meta de la gloria con Cristo.

Conclusión

Al considerar estas sublimes verdades, es importante subrayar la naturaleza del camino que seguimos. Es un camino de batalla. Nuestra herencia adámica luchará literalmente hasta la muerte en contra de la voluntad de Dios. En todo momento tendremos que hacer *«morir las obras de la carne»* (v. 13).

Sabemos lo que la carne quiere. Sabemos, también, lo que el Espíritu quiere, porque Él nos lo indica. Es un conflicto interno que nos hace agonizar. Sin embargo, tenemos la seguridad de su divina presencia. El que levantó a Jesús de los muertos está en nosotros. Esa realidad es muy alentadora. El mismo Espíritu da testimonio a nuestro espíritu de que somos hijos de Dios. Él nos está avisando, consolando, estimulando para que no nos demos por vencidos.

El pecado es grande y poderoso, pero mucho más grande es el que mora en nosotros. Nunca olvidemos que el mero hecho del conflicto interno es prueba de su presencia y guía. Cuando no hay tal conflicto, es entonces que debemos preocuparnos: «*Porque todos los que son guiados por el Espíritu de Dios, estos son hijos de Dios.*»

Y todo esto nos lleva de regreso a Enoc. De verdad, el autor de la carta a los Hebreos hace un sumario perfecto de lo que requiere caminar con Dios:

1. *Fe.* Sin fe en Dios y en su Palabra es imposible caminar día tras día en obediencia. Sin esa fe firme seríamos llevados por las corrientes de opiniones modernas que a diario nos azotan. Sin una seguridad en la existencia de Dios: que Él ve, que está en control de todas las cosas, y se fija en todo lo que hacemos, que puede darnos el poder para vivir correctamente, fácilmente fracasaríamos en nuestra determinación de serle fiel día tras día.

2. *Poner la mirada en la recompensa segura.* Es tener una meta espiritual. Es vivir para ese día cuando veremos a Cristo cara a cara y disfrutaremos del gozo eterno del cielo. Sin la esperanza de que todo nuestro esfuerzo presente vale la pena, ¿para qué luchar, sufrir y persistir? Es la mirada puesta firmemente en las promesas del Señor lo que nos sostiene día tras día en nuestro caminar con Dios.

11

Los conceptos falsos que nos rodean

11

Los conceptos falsos que nos rodean

Mateo 13.3–9; 18–23; Gálatas 1.4, 2 Corintios 4.3,4

«No os conforméis a este siglo», es la instrucción clara del Espíritu Santo (Ro 12.2)

El texto citado arriba se ha parafraseado de varias maneras. Una de las más interesantes viene de Karl Barth: «Disputa con este mundo pasajero el derecho que se ha tomado de fijar la agenda de tu vida.»

Cómo vives, qué tomas, qué vistes, qué piensas, es lo que este mundo propone fijarnos. Tenemos que darnos cuenta de que la radio, la televisión, las revistas, y la manera de expresarse el gentío alrededor nuestro —tanto en palabra como en hechos— son las cosas que establecen las normas de conducta. Es contra esa conducta y contra todos esos moldes que nos habla San Pablo.

Si para agradar a Dios hemos de caminar como Enoc, la manera en que pensamos también tiene que ser examinada y determinada. Una traducción de Proverbios 23.7 dice: *«Como piensa el hombre en su corazón, así es.»*

¿Qué piensa el mundo? ¿Cuáles son las opiniones que debemos resistir? ¿Cómo debo pensar? De eso vamos a hablar en este capítulo. Pero antes de definir algunos de estos pensamientos, fijemos una base propia para el cristiano.

Todo creyente es un embajador de Cristo, es decir, dondequiera que va debe ser «sal» y «luz». Así es que «vive» su fe en todas las áreas de su existencia, aunque esa forma de vida sea contraria a las prácticas populares y a las ideologías aceptadas por el vecindario.

Al tratar este tema será necesario hablar de «filosofía»: las ideas o las enseñanzas, los «ismos», que forman los conceptos creídos por la gente.

¿Por qué debemos preocuparnos por estos «ismos» modernos? ¿No son estas ideas vanidades, que caben bajo la declaración paulina: *«Tales cosas tienen a la verdad cierta reputación de sabiduría... pero no tienen valor alguno contra los apetitos de la carne»* (Col 2.23)?

Hoy como nunca, por las ideas modernas que fijan la conducta de nuestra sociedad, necesitamos ser como aquellos hombres de Isacar; personas que entendemos nuestros tiempos y sabemos cómo dirigir y enseñar a los cristianos en la iglesia para que sepan cómo se debe actuar para glorificar a Dios (véase 1 Co 12.32).

Hay una palabra que está muy de moda. Se llama «cosmovisión» y, como lo indica, tiene que ver con la manera en que miramos al mundo que nos rodea. Por «cosmovisión» se entiende el esquema conceptual con el que consciente o inconscientemente interpretamos todo lo que creemos. Es como si fuera un telescopio que usamos para enfocar todo lo que vemos, leemos, y creemos.

Por ejemplo: como cristianos, ¿qué creemos del divorcio, del aborto, de la pornografía, del comunismo, de esta sociedad de consumo, del materialismo? Y, ¿qué es lo que nos ha llevado a esa conclusión? Además de saber el contenido de su fe, el cristiano debe saber cómo distinguir la diferencia que hay entre distintas creencias, y su significado, ya que esas creencias forman el patrón de conducta de cualquier persona.

El creyente necesita comprender su fe de tal forma que pueda sistematizarla a fin de poder aplicar lo que cree a lo que está sucediendo a su alrededor. El resultado será la habilidad para interpretar cristianamente los sucesos con los cuales se confronta a diario.

De esto precisamente habla San Pablo cuando dice: «*Desbaratamos argumentos y toda pretensión arrogante que se levanta contra el conocimiento de Dios y hacemos prisionero a todo pensamiento para que obedezca a Cristo*» (2 Co 10.5).

PARTE I

Nos toca ahora hacer un análisis de nuestro mundo y su modo de pensar. ¿Cuáles son los «ismos» que compiten con la fe cristiana, ofreciendo al hombre otros puntos de vista, otra cosmovisión? Para poder identificar estas corrientes que tanto influyen en nuestro mundo moderno, las definiremos brevemente. Argumentaremos esto con textos bíblicos que señalan su error y, donde sea necesario, aclararemos la razón de nuestra oposición a ellos.

1. Secularismo

La palabra «secular» viene del latín: *saeculum*, que quiere decir «mundo» y «siglo» a la vez. Aquello que es secular, pues, es todo lo que tiene que ver con el presente, lo del ahora.

El secularismo es esa filosofía que enseña que toda realidad y todo valor humano debe ser medido y juzgado a vista del presente, de lo que me significa ahora, en el momento en que vivo. Toma prestado elementos de la herencia cristiana, pero extrae a Dios y las bases fundamentales de la fe, reemplazándolas con filosofías mundanas.

El secularismo toma varias formas: existencialismo, pluralismo, pragmatismo, hedonismo, humanismo, y relativismo, como ya veremos. Lo que da unidad a todas estas ideas modernas es esa base secularista.

El secularismo no se preocupa por la eternidad, sino por el ahora (mucho de la «teología de la liberación» está basado en el ahora humano, buscando solución política y humanista para el pobre y abusado de este mundo, con la tendencia de dejar a un lado el mundo venidero).

Por supuesto, como cristianos somos «seculares» en el sentido de que vivimos en el presente mundo y nos preocupamos por lo que sucede en él hoy. Por eso evangelizamos y salimos al mundo como misioneros. Pero cuando le pegamos un «ismo» a la palabra «secular», entonces aparecen conceptos que contradicen a la Biblia totalmente: la eliminación de Dios, de la eternidad, de todo lo que tiene su origen en la esfera sobrenatural.

Los textos bíblicos que nos ayudan a contradecir estos conceptos son 1 Juan 2.15–17; Colosenses 2.6–23; y Apocalipsis 11.15–18.

2. Existencialismo

El existencialismo trata de la existencia desde la perspectiva de los dilemas humanos. Sus creadores, en lugar de escribir libros para definir estas ideas, recurrieron a los medios modernos de comunicación: novelas, obras dramáticas, el cine, el teatro. A través de esas obras presentadas trataron los problemas humanos y dieron sus conclusiones.

Los apóstoles principales del existencialismo son Jean-Paul Sartre, Martín Heidegger, y Alberto Camus. Y el mentor de todos ellos fue el filósofo alemán, Friedrich Nietzsche.

La base filosófica para el existencialismo es esta: «La existencia precede a la esencia.» En otras palabras, primero «somos» y luego, por las decisiones que tomamos, «nos hacemos» las personas que somos.

Esa base fundamental existencialista es tan parte de nuestro mundo moderno que ya se acepta sin pensar. Pero como cristianos tenemos que ver la falacia de tal conclusión. El eco del existencialismo se oye hasta en nuestros púlpitos cuando se dice: «Puedes llegar a ser lo que quieras, fijando tu pensamiento en lo que deseas ser.» ¡Cuidado! Si «nos hacemos» a nosotros mismos por las decisiones que tomamos, entonces Dios no nos ha hecho. Ni es por Su poder que logramos ser transformados.

Si no somos dirigidos ni controlados por un Dios soberano, los existencialistas tienen toda la razón. Al aceptar el
existencialismo, que la naturaleza humana no es ni creada ni
definida por Dios, declaramos que no somos creados a imagen
de Dios.

Fíjense en las conclusiones del existencialismo: No hay
un mundo trascendental; la muerte es la aniquilación de la
personalidad; el hombre vive al borde del vacío, de la nada.
Tras todo comportamiento existencialista está ese terror de la
nada. Por lo tanto se vive con coraje, persuadiéndose de que
no hay Dios, ni trascendencia, ni futuro eterno. Se vive
«valientemente», haciéndole frente a ese temor y ansiedad
inescapable de la muerte.

El existencialismo parece ser muy «macho». En realidad,
como dice R.C. Sproul: «Es un cobarde escapismo que rehúsa
darle frente al hecho de que un día todo hombre tiene que
enfrentarse a Dios y a un juicio eterno.» Sólo por nuestra fe
en Jesucristo podemos considerar las cuestiones óptimas de
esa realidad y de esa eternidad. (Véanse Ec 1.1–11; 2.17–20;
1 Co 15.12–22.)

3. Humanismo

Esta filosofía es difícil de definir porque es muy amplia
en todas sus ramificaciones. A veces se confunde humanismo con humanitarismo, es decir, la preocupación por el
bien de otros.

Como filosofía, el humanismo declara que «el hombre es
la medida de todo.» Es decir, que el hombre en sí establece
las normas por las cuales los valores de todo son determinados. El hombre es el ser máximo, la máxima autoridad; por
lo tanto, toda realidad está centralizada en él, y no en Dios.

El humanista niega la existencia de un Dios Creador. Cree
que el hombre es un accidente de la naturaleza. Que nació por
casualidad, y que termina en la nada. A su vez, el humanista
cree que el hombre es un ser con suma dignidad (algo lógi-

camente contradictorio si es que vino de la nada y termina en la nada).

En suma, el humanismo es una filosofía ridícula. ¿Cómo puede dársele a algo que comienza de la nada y termina en la nada valor y dignidad? ¿Cómo se puede hacer de tal tipo de ser «la medida de todo»? Si no tiene razón de ser, por su origen accidental, ¿por qué respetar la vida? ¿por qué preservar la vida? ¿por qué hacer grandes hospitales, alargar la vida, y proveer para esa criatura algo de valor? Si nace sin sentido y muere sin sentido, ¿qué valor se le puede dar a cualquier acción humana, sea esta altruista o criminal?

Aunque es una filosofía absurda, sin embargo es emocionalmente atractiva. Si venimos de la nada entonces somos seres que no tenemos que rendir cuentas a nadie. Si retornamos a la nada, entonces no hay que temer al futuro: no hay Dios, no hay juicio, no hay eternidad. (Véanse Ec 9.2–6; Is 43.15–21; Mt 6.25–34. Hallarás provecho al leer estos textos.)

4. Humanismo contemporáneo

El humanista contemporáneo basa sus acciones en la creencia de que el hombre existe sólo a partir de aquello que está dentro de su naturaleza. Consecuentemente para encontrarle sentido a la vida, el hombre tiene que descubrirse a sí mismo, ponerse en contacto consigo mismo.

Se oye esta opinión especialmente por parte de los jóvenes cuando dicen: «Voy a dejar los estudios, el empleo (o lo que sea) para pasar un año viajando, porque tengo que encontrarme a mí mismo.» Es como si el hombre pudiese quitarse todos los aspectos que le rodean —el bagaje familiar, escolar, social— y allí, después de todo, encontrar al verdadero «ser», un ser que ha estado encarcelado desde su nacimiento.

Tal punto de vista es parte del humanismo contemporáneo de la Nueva Era, del mormonismo, y es explícitamente anticristiano, a pesar de que también se oye a muchos dentro de la iglesia diciendo que «se tienen que encontrar a sí mismos».

La frase clave de este humanismo es «conócete a ti mismo». La segunda expresión, casi de igual importancia es, «realízate». Es una frase requisitoria, es decir, induce a «descubrir todo el potencial en mí» aunque parezca muy inocente. Muchos de nosotros, hablando con nuestros hijos, les decimos que queremos que desarrollen todo su potencial. Y, con tal de que se entienda esa frase cristianamente, no hay problema. Pero veamos su verdadero sentido dentro del humanismo contemporáneo.

Fue el psicólogo Abraham Maslow el que formuló la idea de la realización de nuestras habilidades», frase que ha llegado a oírse por el mundo entero. El concepto puede seguirse hasta Seigmund Freud, quien dijo que la necesidad básica del hombre es «la búsqueda del placer». Nietzsche añadió otra: «The will to power» («Los deseos de poder»). Y precisamente estos conceptos son los que se comprenden con la frase contemporánea: «la realización de nuestras habilidades.»

La meta del humanismo contemporáneo es la «autoexpresión». Se entiende con esta palabra el poder para expresarse a sí mismo de la manera que uno quiere, sin impedimentos de nada ni de nadie. Se condensa en otra frase moderna, «Do your own thing» (Haz lo tuyo, lo que te sale). Por supuesto, la barrera a esa «realización» está en todo aquello que pudiera impedirlo.

Quitar esas barreras es el fin del humanismo contemporáneo. Por lo tanto se anima al hombre moderno a destruir, desechar, quebrantar cualquier obstáculo que le impida llegar a la meta suprema de esa «realización» del ser, sea padres, religión, moral, o costumbres.

Bajo tal creencia, si alguien no se puede «realizar» entonces no puede ser feliz. La vida queda tronchada, a medias. En consecuencia, se permite el aborto, el divorcio, el sexo libre. Todo lo que traiga placer y satisfacción es legítimo —y más que legítimo— ¡es necesario! Lo importante de la vida es lograr el placer, el gozo, la libre expresión de la persona.

Es por esto que muchos rechazan la idea del matrimonio, pues es confinador; encierra, limita. Va en contra de la idea contemporánea de ser libre, sin limitación ni impedimento.

La ética que sirve como vinculante para este tipo de cosmovisión es la llamada «ética situacional» de Joseph Fletcher: La situación determina la conducta. Por lo tanto se ridiculizan los absolutos bíblicos, se niegan las partes bíblicas que demandan determinadas normas de conducta. Lo que conviene para el momento es lo correcto. No se fija en el mañana, ni en las consecuencias para otros, pues si la situación dicta lo que traerá satisfacción, lográndola se cumplirá la meta para la vida: la «realización».

Contrario a toda esta filosofía humanista, la Biblia nos enseña que el hombre, para ser feliz, tiene que estar en una relación correcta con su Creador, y no consigo mismo. El problema con quitarse todas las «tapas» de padres, iglesia, leyes, parientes, etc., es que el hombre se convierte en «cebolla». Al quitarse una cáscara tras otra pronto descubre que no queda nada. Esa «nada» deja al ser en un vacío, en un desespero espantoso.

«Conócete a ti mismo» no es un mandato bíblico, aunque muy citado. Es un concepto griego, de la filosofía helénica. El mandato bíblico es: «Conoce a tu Creador, a tu Dios», concepto encerrado en el gran y primer mandamiento. Cuando lo conocemos a Él, entonces Dios y el prójimo (también el mundo, y las cosas buenas del mundo) cobran sentido.

Si quieres saber qué es el hombre, y qué es la vida, y lo que en realidad trae una realización legítima, conoce a Jesucristo. Él es el único que no tiene distorsión, que es perfecto y completo. Todos los demás estamos deformados por la caída de Adán.

Conociéndose a sí misma, la persona encontrará toda clase de distorsiones, pero nunca la felicidad. Sólo en Jesucristo se encuentra el ser verdadero y la razón de la existencia (Fil 3.7–14; Ef 4.13; Jn 17.3).

5. Pragmatismo

El «pragmatismo» es una filosofía norteamericana que nació en el Club Metafísico de la Universidad de Harvard a fines del siglo pasado. Los fundadores fueron William James, Charles Pierce, y Oliver Wendell Holmes. Más tarde, otro famoso pragmatista fue el catedrático John Dewey.

Estos hombres miraban con dudas las normas propagadas por la fe cristiana, que —creían sus seguidores— venían de Dios y eran eternas. Así que comenzaron a buscar alternativas y llegaron a conclusiones como las siguientes: «No hay tal cosa como una verdad absoluta. Tampoco es posible hallar valores absolutos. ¿Cómo entonces podemos saber cuál es una conducta correcta? La respuesta está en la experimentación.»

William James escribió un libro, *The Varieties of Religious Experience* [Las variedades de la experiencia religiosa], en el que concluyó que si la religión le hacía bien a alguien, entonces era buena para esa persona. Pero si no le ayudaba, entonces la persona no la necesitaba. Su punto de partida no era «qué es verdad», sino «qué es lo que funciona».

Ya que el pragmatismo da por sentado que es imposible conocer verdades absolutas, sus conclusiones sólo tienen vigencia en el momento: ¿qué es lo que más conviene en este momento? De ahí su nombre.

Esta filosofía no se limita a Norteamérica. Pregúntate: En las decisiones que tomé la semana pasada, ¿qué me motivó? ¿Las hice a base de lo que me era más práctico, de más provecho, de lo que más placer me daría? ¿O tomé mis decisiones basadas en los principios absolutos de la Palabra de Dios? Tristemente, la filosofía pragmatista también ha permeado las filas cristianas (véanse Lc 12.13–21; Stg 4.13–17).

6. Pluralismo y relativismo

No hay duda de que Dios dio mucha diversidad a su creación. Hay pluralismo (diversidad) de idiomas, de sociedades, de culturas, de razas, de árboles, de criaturas, de climas, de naciones. Pero tras todo ello hay UN Dios, el Autor y Gobernador que ha impuesto Sus leyes y Su orden y que «*sustenta todas las cosas con la palabra de su poder*» (Heb 1.2).

El pluralista, sin embargo, niega la existencia de Dios, dice que no hay absolutos, ni que existe una verdad eterna (y si acaso la hubiera, no sabemos cuál es). Todo lo que hay es diversidad: tu opinión, mi opinión, y la opinión de cada persona.

Fue ante un pluralismo de dioses que se encontró el apóstol Pablo cuando llegó a Atenas. Notó que para cada necesidad humana había un dios especial (al estilo de los «santos» que llenan nuestro calendario). El apóstol atacó ese pluralismo señalando al Dios único y verdadero, «*el Dios que hizo el mundo y todas las cosas que en él hay, siendo Señor del cielo y de la tierra,* [que] *no habita en templos hechos por manos humanas*» (Hch 17.24).

Es imposible que el pluralismo y el relativismo sean verdad, ya que como principio niegan la misma existencia de ella. Si «todo» es verdad, entonces lógicamente «nada» es verdad. La verdad se ha vaciado de sentido. Es por esto que el hombre moderno vive en un dilema. Al rechazar a Dios y Su divina verdad ha escogido el caos intelectual, y en tal confusión es imposible vivir.

En el caos de la incertidumbre creada por el relativismo, el estado (el gobierno) normalmente comienza a llenar el vacío, determinando para sus ciudadanos qué es lo que debe considerarse «verdad» y «mentira», imponiendo su «verdad» con leyes estatales. El estado suplanta a Dios. Llega ser el factor unificador del pensamiento, de lo que es trascendental y eterno. Y con ese relativismo en que nos encontramos, se llega al tipo de gobierno en que está nuestro mundo moderno.

El cristiano que no sólo acepta sino que vive la verdad absoluta dada por Dios en Su Palabra, tiene ancla firme en este mundo donde continuamente se cambia de opinión y valores. Sabe ya lo que es bueno y lo que es malo. Sabe cómo y qué escoger. No tiene que pedir opinión.

Al ver a tus vecinos y a tus amigos, medita: ¿Bajo cuál criterio viven? (véanse Is 43.8–13; 2 Co 1.12–22).

7. Hedonismo

Cuente, si puede, las veces que oyes la expresión «Siento que...», o «Me siento así o asá», o «Lo que siento es...». Fíjate en qué medida es nuestro «sentir» parte del mundo actual. La razón viene como consecuencia de la difusión de los conceptos hedonistas. La felicidad, la satisfacción y la complacencia constituyen hoy el sentido verdadero de la vida: la vida es muy corta, hay que disfrutarla. Pero, ¿será esto bíblico?

El hedonismo es la creencia de que lo «bueno» y lo «malo» se definen en términos de «placer» y «dolor». Vivir a plenitud es disfrutar al máximo del placer, y evitar toda cosa que pudiera traer dolor.

Esta filosofía, por decirlo así, comenzó en el Huerto de Edén, y Eva fue su primera víctima. Como filosofía clásica, tuvo su origen entre los griegos en el cuarto siglo antes de Cristo. Comenzó con los cirenaicos que se entregaron abiertamente a orgías alcohólicas y sexuales. Los epicúreos fueron otra agrupación hedonista, aunque procuraron refinar las partes más grotescas de la entrega al placer, reconociendo que el exceso llevaba a la enfermedad y a la frustración. Su meta era disfrutar al máximo del placer, pero sin que eso trajera consecuencias dolorosas.

Hoy, el hedonismo —una filosofía arraigada en el «cómo me siento»— está en boga. La gente no dice: «Creo que conviene hacer esto o aquello», sino: «Siento que debo hacer esto o lo otro.» Se vive bajo el criterio: «Si satisface, si es agradable, debe ser bueno.» Como dice Debbie Boone en su famosa canción: «No puede ser malo si me hace sentir tan bien».

Vivimos en los días de los cuales hablaba San Pablo: «*En los postreros días vendrán tiempos peligrosos, porque habrá hombres amadores de sí mismos... amadores de los deleites más que de Dios*» (2 Tim 3.2–4).

Tener placer, disfrutar de todo posible placer, vivir en busca del placer, ha llegado a ser el estandarte moderno. Vivimos en un ambiente hedonista. Aun en la iglesia se observa; en la manera que cantamos, que hablamos, la música que escogemos, y hasta en los sermones que evitan toda mención al castigo, pecado, sufrimiento o dolor. Somos hijos de nuestra época hedonista.

Por supuesto, el cristianismo no es una creencia masoquista que reclama de sus seguidores el dolor y el sufrimiento. No es una creencia que persigue el dolor en busca de lo que no es placentero. De ninguna manera. No hay pecado en disfrutar de lo que legítimamente trae gozo, ni tampoco es malo gozar de buena salud. La realidad es que buscamos el cielo donde nunca más habrá lágrimas, ni enfermedad, ni dolor. Creemos que el máximo bien nos traerá un máximo de placer. Creemos en la eliminación del dolor.

Pero también creemos lo que nos dice la Biblia acerca de este mundo: que en esta vida Dios nos pide tomar una cruz y seguirle, y esa cruz de obediencia a veces nos lleva por caminos muy difíciles y dolorosos (como a los profetas y apóstoles). También Él nos advierte que los que viven piadosamente en Jesucristo sufrirán persecución (2 Tim 3.12). Además la Biblia nos enseña que el dolor, la muerte, la enfermedad, y la realidad y tragedia del pecado —evidenciada entre los hombres y también en la naturaleza (guerras, terremotos, diluvios, etc.)— son consecuencias de la caída del hombre (Ro 8.18–25).

Por lo tanto, aunque sabemos disfrutar de un legítimo placer, no nos entregamos —como hacen los hedonistas— a su única búsqueda. La vida es para Dios, y «el fin principal del hombre es glorificar a Dios, y gozar de Él para siempre» (véanse Rom 11.36; 1 Cor 10.31; Sal 73.25,26).

Conclusión

No cabe duda de que conocer estas maneras de «ver» al mundo nos ayuda a comprender mejor las corrientes que controlan el pensar moderno. La necesidad que motivan es descubrir la verdadera cosmovisión de un sincero creyente en Cristo. Hacia esa meta ahora nos dirigimos en el próximo capítulo, pero antes debemos considerar unos principios básicos.

¿Cómo logra el creyente una cosmovisión correcta?

1. Reconoce, en primer lugar, la necesidad de una mente transformada. *«Dejen que Dios les vaya transformando mediante la renovación de su mentalidad, a fin de que en cada circunstancia puedan descubrir la agradable y perfecta buena voluntad de Dios»* (Ro 12.2).

2. En segundo lugar, reconoce que el cuerpo es el «templo» del Espíritu Santo. *«Les exhorto, pues, hermanos... a que ofrezcan sus cuerpos como sacrificio vivo, santo y agradable a Dios...»* (Ro 12.1).

3. Esto nos lleva a una cosmovisión muy distinta de la que teníamos antes de llegar a Cristo. *«Y no se amolden más a los modelos del mundo actual»* (Ro 12.2). Nuestra tendencia es al conformismo, a no querer ser distintos. Fácilmente nos amoldamos a las costumbres y maneras de ser del ambiente en que vivimos. Ser transformados comprende un pensar que está por encima del mundo que nos rodea. Esto nos lleva a dos conclusiones:

- Los cristianos no deben conformarse ni amoldarse, sino ser transformadores, tal como lo fue Cristo.

- Los cristianos no deben aislarse del mundo, sino vivir en él como gente transformada y transformadora, siendo «sal» y «luz».

¿Cómo logramos una mente renovada?

He aquí cuatro pensamientos que nos ayudarán:

1. Estudiando ávidamente la Palabra de Dios

- Allí encontraremos el pensamiento, la mente, la voluntad de Él.
- Allí aprenderemos a pensar como Él piensa.

2. Estudiándonos a la luz de la Biblia para saber cómo pensamos

- Por tal autoanálisis encontramos la diferencia entre el pensar de Dios y los conceptos falsos que hemos aceptado del mundo actual.
- Al reconocer lo falso, comprendemos lo que debe ser «transformado».

3. Pidiendo la gracia transformadora de Cristo

- Para apropiarnos de su poder y corregir lo que es falso.
- Para no seguir conformándonos a este mundo, sino a Él.

4. Siguiendo ejemplos bíblicos de hombres «transformados»

- José, Génesis 39
- Daniel, 1.1–21; 6.1–13
- 1 Pedro 1.13–25

12

*El cristiano
y el mundo*

12

El cristiano
y el mundo

Así que, hermanos, os ruego por las misericordias de Dios,
que presentéis vuestros cuerpos en sacrificio vivo, santo,
agradable a Dios, que es vuestro culto racional, y no os
conforméis a este siglo; mas reformaos por la renovación
de vuestro entendimiento, para que experimentéis cuál sea
la buena voluntad, agradable y perfecta.

Romanos 12.1,2

Un día, muy de mañana, se encontraba en un cerro de la ciudad de Londres un joven llamado William Booth. Luego de pasar un tiempo en oración y en la lectura de la Biblia, se arrodilló ante Dios para hacer un pacto con Él: «Padre celestial, sé que hay hombres que son mucho más valientes que William Booth, hombres con muchas más habilidades y talentos de los que tiene William Booth, y con mucha más inteligencia de la que tiene William Booth. Pero quiero hacer un pacto contigo: toda la valentía que poseo, todos mis talentos y habilidades y toda mi inteligencia, de hoy en adelante, serán tuyos. Todo lo que es y tiene William Booth ahora te pertenece a ti.»

El joven Booth descendió de aquel cerro para andar por las calles de Londres como «sal» y «luz». Desde aquel día comenzó un movimiento que se extendió por toda la gran ciudad, y luego por toda Inglaterra, Francia, Europa, y Norteamérica, hasta literalmente extenderse por todo el

151

mundo. Con esa entrega total de un hombre comenzó el Ejército de Salvación.

Lo que hizo William Booth aquel día se llama en la Biblia «un sacrificio vivo». Es lo que Dios pide de ti y de mí. No nos pide algo muerto, que ya no tiene vida, sino esa vida misma, tal como la creó Dios. Si entendemos lo que hizo William Booth en su encuentro con Dios en aquel cerro de Londres, entenderemos a perfección el sentido literal de Romanos 12.1,2.

Es la primera frase del versículo 2 lo que nos da problemas: *«No os conforméis a este siglo.»* Y este texto trae a la mente otro muy conocido:

> *No améis al mundo, ni las cosas que están en el mundo. Si alguno ama al mundo, el amor del Padre no está en él. Porque todo lo que hay en el mundo, los deseos de la carne, los deseos de los ojos, y la vanagloria de la vida, no provienen del Padre, sino del mundo. Y el mundo pasa, y sus deseos; pero el que hace la voluntad de Dios permanece para siempre.*
>
> Juan 2.15–17

¿Qué quiere decir «mundo»?

Tenemos que comenzar con una advertencia. Debemos evitar el error de pensar que cada vez que el término mundo aparece en la Escritura se refiere a algo impuro que debe ser rechazado.

La costumbre de algunos creyentes es considerar todo lo que hay en el mundo como cosa detestable, sencillamente porque está en el mundo. Esa actitud muestra que no han entendido los conceptos bíblicos, lo que ha dado lugar a un fanatismo equivocado. Para clarificar esta confusión tan común entre evangélicos debemos reconocer que existen tres usos de la palabra mundo (griego: *cosmos*) en las Sagradas Escrituras.

- A veces este término se usa para describir el planeta en el cual vivimos (Ef 1.3). De este planeta Dios se expresa de la siguiente manera «*y vio Dios que era bueno*» (Gn 1.10).

- En otras ocasiones la palabra «*cosmos*» se refiere a la humanidad (Jn 3.16)

- Por último, este vocablo describe el sistema de valores y actitudes de una sociedad que se opone a Dios (1 Jn 2.15–17).

De vez en cuando, la palabra «mundo» no se encuentra en el pasaje, pero el contexto del mismo nos indica que el autor bíblico está hablando del mundo en que vivimos aunque no lo mencione. Por ejemplo, refiriéndose a este mundo, el mismo Pablo les dice a los filipenses: «*Todo lo que es verdadero, todo lo honesto, todo lo justo, todo lo puro, todo lo amable, todo lo que es de buen nombre, si hay virtud alguna, si hay algo digno de alabanza, en esto pensad*» (Fil 4.8).

Lo que a continuación discutiremos requiere madurez espiritual por parte del estudiante. Tiene que ver con discernimiento, con la habilidad de ver la diferencia entre lo que es «pecaminoso», «mundano», y lo que es justo y bueno. San Pablo a los corintios les dijo: «*Os di de beber leche, y no vianda; porque aún no erais capaces, ni sois capaces todavía*» (1 Co 3.2).

Por ejemplo, nos gusta el «sí» y el «no», lo blanco y lo negro; poder decir esto es «bueno» o, esto otro es «malo». El problema es que en la vida hay «grises», cosas donde tenemos que tomar decisiones que no tienen clara explicación bíblica. La Biblia no dice nada del cine, de la pintura para la mujer, del largo correcto para una falda, del cigarrillo, etc. El creyente tiene que tomar principios bíblicos y aplicarlos a cada una de las áreas donde puede haber conflictos o diferencias de opinión.

Hay mucho que es bueno en este mundo, y hay mucho que es malo. La cuestión es saber cómo distinguir lo bueno de lo malo. Por eso tenemos que comenzar con el sentido del texto en Filipenses 4.8 para luego entender el sentido de 1 Juan 2.15.

En el mundo —aun entre los impíos— existe lo verdadero, lo honesto, lo justo, lo puro, lo amable, lo que es de buen nombre, lo virtuoso, y lo que es digno de alabanza. Un Rockefeller puede dar una contribución financiera para construir casas para los que no las tienen. Eso es bueno y digno de alabanza, a pesar de que Rockefeller tal vez sea del mundo y viva para el mundo. Una pintura de Rafael, una sonata de Mozart, un drama de Shakespeare, una novela de Cervantes igualmente pueden mostrar cosas verdaderas y honestas y justas. Para valerse de tales cosas el cristiano se atiene a la libertad que tenemos en Cristo.

Pero de la misma manera, cuando repudia cierta música moderna (para tomar un ejemplo entre muchos), que con su letra y ritmo incita a la impureza, el cristiano muestra que no «ama» al mundo.

Hay que saber distinguir entre lo bueno y lo malo. El rechazar de plano todo lo que procede del mundo porque no tiene origen evangélico es fanatismo que perjudica la causa de Cristo en lugar de levantar su nombre ante el mundo. Cuántas cosas hay, desde el arte secular a la arquitectura, desde la música al teatro, desde la literatura al deporte, que Dios nos ha dado para disfrutar. La medida de nuestra participación está en ese parámetro de lo «verdadero», lo «honesto», lo «justo», lo «puro», lo «amable», «lo que es de buen nombre».

Posiblemente en todo el Nuevo Testamento no puede hallarse mejor ilustración que la de Jesús en la boda de Caná (Jn 2). Las bodas de los israelitas, aun en los días de Jesús, eran fiestas donde el júbilo y el regocijo predominaban. Allí, en tal fiesta, estaba el santo Jesús. Pero no sólo estaba como un invitado tranquilo e invisible, sino como activo participante. Fíjese que cuando se agotó el vino —el néctar que ayudaba a alegrar al corazón de los festejantes— Él creó más.

(A la verdad, lo que hizo Jesús aquel día era suficiente causa para ser disciplinado por gran número de iglesias de hoy.) Lo cierto del caso es que Cristo supo separar lo bueno y lo malo. Con ese acto el divino Jesús nos enseña que Dios no hizo al cuerpo para privarlo de gozo. Lo hizo para privarlo del pecado; y hay una gran diferencia entre estas dos cosas.

He conocido iglesias que prohíben muchas cosas sin seguir las medidas puestas por el mismo Espíritu Santo, sencillamente porque es más fácil condenar todo lo que está en el mundo, en lugar de enseñarle al creyente las bases correctas para elegir entre lo bueno y lo malo. Con tales tipos de denuncias y prohibiciones, la iglesia excede su autoridad a la de Dios. A la vez señala que no ha captado el sentido bíblico de lo que es «mundo». Como líderes en las iglesias debemos instar a los creyentes que viven de la «leche» a probar las «viandas»; por supuesto tomando en consideración las instrucciones de San Pablo en Romanos 14.1 a 15.6.

Ahora, para aclarar nuestro tema, necesitamos tomar varias cosas del mundo y considerarlas una por una para así entender el proceso evaluador. Hagamos esto estableciendo varias declaraciones:

1. Repudiamos todo lo que sea de origen diabólico.

Digamos de paso que no toda música moderna es diabólica. Una canción de amor que expresa hermosamente la relación de un hombre con una mujer es legítima. El amor puro de un hombre hacia una mujer viene de Dios, no del diablo.

Pero si una música apela a lo «bestial», incita al sexo, aprueba el pecado, e induce al adulterio, tal música no tiene cabida en un hogar evangélico. Satanás sabe usar los medios de comunicación y melodías bonitas para promover la inmoralidad. Estemos alertas a sus artimañas.

2. Rechazamos el fanatismo que procede de un entendimiento falso de lo que Dios prohíbe.

Satanás usa otra estrategia que es igualmente peligrosa para el evangelio, ya que nos lleva a extremismos. Cuando dictamos prohibiciones generales caemos en este mal. Por ejemplo, cuando prohibimos el deporte porque profesionalmente se juega los domingos (o razón parecida) podemos confundir a nuestros jóvenes. No hay pecado en que los jóvenes organicen partidos para jugar baloncesto, o fútbol, o tenis. No hay pecado en el ejercicio sano del cuerpo en un deporte competitivo. Pregúntese, ¿incita el deporte a tener pensamientos malos?, ¿incita a negar a Dios?, ¿incita a las pasiones bajas? Al contrario, desarrolla el intelecto y el cuerpo, enseña cómo participar en grupo y además, es algo que da gozo legítimo.

Cuando prohibimos cosas que en sí son sanas, ¿qué reacción podemos esperar? Damos a entender que Dios es un ser caprichoso, limitado, y tan severo que no permite ningún gozo, ni da libertad a sus hijos para que disfruten de esta vida. Con tales enseñanzas negativas pecamos porque presentamos una imagen falsa de Dios. Creamos un fanatismo perjudicial al evangelio. Si Dios nos quita lo bueno, entonces seguir a Cristo es irracional, no tiene sentido. Satanás gana así una victoria desfigurando el carácter de Dios como lo hizo cuando tentó a Eva, diciendo: «*¿Conque Dios os ha dicho: No comáis de todo árbol del huerto?*», haciendo que Dios parezca injusto al privarlos de cosas buenas.

Lo mismo podríamos decir del vestido, o del peinado, o del uso de joyas, o cualquiera otra cosa externa. Tenemos que ejercer mucho cuidado en lo que condenamos, especialmente aquellas cosas que la Biblia no condena de manera directa. Dios siempre pone el énfasis en el pecado interno, no en las cosas externas (Mt 15.1–20). El pecado surge del corazón. Es el corazón, especialmente esas actitudes y opiniones torcidas o malintencionadas que brotan de nuestra naturaleza pecaminosa, lo que tenemos que vigilar. ¿No fue el mismo Señor Jesucristo quien nos dijo: «*Porque de dentro, del corazón de los hombres, salen los malos pensamientos, los adulterios, las fornicaciones, los homicidios*» (Mr 7.15)?

Debemos tener sumo cuidado al tratar cosas neutrales como si fueran malas, cosas que tienen valor intrínseco y contribuyen al bien de la persona. Debemos ser amplios con aquello que entra bajo las normas permitidas a los hijos de Dios, seres librados del pecado que saben en realidad cómo reír a carcajadas y disfrutar sanamente de lo bueno que hay en el mundo. Si el placer en sí es malo, ¿por qué nos dio Dios un paladar para saborear cosas exquisitas, ojos para ver cosas hermosas, tacto para sentir caricias, oídos para disfrutar sonidos gloriosos? Es una perversión horrible de Dios y de la espiritualidad enseñar que la piedad es la abstinencia de todo gozo y placer. Si tal cosa fuera verdad, el cielo sería el lugar más triste, aburrido, y falto de gozo concebible. Lo que no hay en el cielo es pecado; y lo que nos priva de gozo aquí en el mundo es el pecado, no lo bueno, lo verdadero, lo hermoso.

3. Repudiamos todo aquello que desvaloriza al ser humano o a su conducta.

Hoy la violencia está muy de moda; hay dos modos de tratarla: una es glorificarla; la otra es condenarla. Se está viendo la glorificación de la violencia en la prensa, la televisión, y el cine. También se ve en muchos programas infantiles, donde los tiroteos y las matanzas se exhíben como estilo normal de la vida. Permitir a un niño mirar tales programas es contribuir a la desvalorización del ser humano, privándolo del concepto de que todo hombre es creado a la imagen de Dios.

A la vez, hay películas que, aunque traten de crimen o de atrocidades, no los glorifican, más bien elevan el valor de la vida y muestran lo horrible que es la violencia. ¡Cuánto tiene un cristiano que velar en nuestro mundo moderno!

Similarmente, podemos hablar de la manera en que la televisión trata el sexo, o el alcohol, o las drogas, etc.

Si algo incita al pecado, entonces no es justo, ni puro, ni verdadero, ni amable, ni bueno. En todo caso, el creyente en

Cristo establecerá reglas para lo que es permisible ver y lo que no lo es.

Lo que decimos de la televisión podemos aplicarlo a la literatura moderna. Un libro es más que palabras puestas sobre papel; expresa ideas, siembra conceptos; conduce o al bien o al mal. El cristiano tiene que escoger de acuerdo con el criterio que Dios nos ha dado.

4. Rechazamos todo aquello que minimiza a Dios, o que niega su presencia o existencia.

Mucho de lo llamado científico cae en esta esfera. Por eso tenemos que velar lo que se enseña en la escuelas públicas o privadas.

Ahora bien, no es que ataquemos a los profesores, ni hagamos protestas contra las escuelas. Nos dice el apóstol: *«Porque no tenemos lucha contra sangre y carne* [seres humanos], *sino contra potestades, contra los gobernadores de las tinieblas de este siglo, contra las huestes espirituales de maldad en las regiones celestes»* (Ef 6.12). Combatimos ideas (como las que tratamos en el capítulo 7), no a individuos. Respetamos a las personas, y tratamos de ganarlas con amor, puesto que son hechas a imagen de Dios. Nuestra lucha es con lo satánico en nuestro mundo, esas filosofías e ideas que procuran destruir los conceptos de Dios en la mente de los hombres.

Luchamos contra estas cosas enseñando a nuestros hijos y a nuestros jóvenes. Es el mismo principio que encontramos en el pequeño libro de Judas. Allí se nos enseña cómo combatir a los herejes. No es atacándolos a ellos, sino enseñando a la iglesia dónde están los errores.

5. No debemos rechazar indiscriminadamente todo lo del mundo, más bien debemos seguir el ejemplo de Jesús.

Él reconoció lo hermoso de este mundo: habló de las aves y los lirios, del trigo y los sembrados. Durante toda su vida reconoció, que todo lo hecho por Dios era bueno.

Identificando al mundo

El término mundo, en uno de sus usos bíblicos, como ya indicamos, se refiere a todo aquello que se opone a Dios o que está en antagonismo con Él.

Positivamente, por «este mundo» Dios no quiere decir la hermosura de la creación y la naturaleza. No se refiere necesariamente a los aspectos sociales cuando éstos no animan al pecado y a la rebeldía contra Dios (por ejemplo, ¡hay buenos gobiernos!). Ni al mundo del intelecto. Ni al del comercio.

Negativamente, sí vemos «el mundo» en un ser humano caído. Sí vemos «el mundo» en aquello que el hombre caído idea para incitar a su prójimo a rebelarse contra Dios. Sí vemos «el mundo» en las costumbres que rechazan a las claras leyes de Dios y minimizan el pecado. Sí vemos «el mundo» en aquello que es fruto de la mente carnal.

Además, hay una «variedad» de mundos. Lo que es «mundano» para mí, no es necesariamente «mundano» para ti. Las tentaciones de un comerciante difieren de las tentaciones de un profesor. De acuerdo con la constitución de una persona son las cosas que le afectan. Por eso no puedo medir la mundanalidad de todo individuo con la medida mía.

¿Cómo fue que Cristo trató el tema del mundo? Él reconoció la vida política de sus días y sus reglas. Dijo: «Dad a César lo que es de César.» Él no criticó al comercio sino a los pervertidores del comercio legítimo. Tomó un látigo y echó a los comerciantes del templo, no porque fueran comerciantes, sino porque habían hecho de la casa de Dios un centro de robo.

Enseñó que «no sólo del pan vivirá el hombre». La gente no debe estar tan absorta en las cosas y los afanes de la vida que no tengan tiempo para las más nobles (Mt 4.4; 6.25–34). Enseñó que como hijos de Dios aun tenemos responsabilidades sociales y políticas (Mt 17.24–27; 22.15–22). Enseñó a las gentes que se involucraran en el mundo, que trabajaran en el mundo, pero que no permitieran que el mundo llegara a dominarlos y a ser su señor (Jn 17.14–18). Enseñó que el mundo no debe forjar nuestra mentalidad, ni nuestras metas, ni nuestra voluntad; esto debía venir de Dios (Lc 6.20–49).

Las influencias del ambiente

«Dime con quién andas y te diré quién eres» es un refrán apropiado al hablar del mundo. Se nos conoce por la compañía que escogemos. Si observas cómo una persona escoge a aquello de que se rodea (amistades, programas de televisión, libros, revistas) podrás saber la fuerza de sus tentaciones y dificultades.

Físicamente, el hombre está sujeto al clima, a lo que come, a su trabajo. Mentalmente influyen en él las instituciones de su orden social, el gobierno, y las creencias y tendencias del medio donde se crió. En cuanto a religión, actúan sobre él las creencias y enseñanzas que recibe en el hogar y en su iglesia, así como las costumbres de su vecindario. Todas estas cosas tenderán a influir en su interpretación de la Biblia.

Al reconocer estos factores básicos, comprendemos mejor lo que nos quiso decir San Pablo en Romanos 12.1,2: Todo aquello que aleja al hombre de Dios es «mundo». Todo aquello que le induce a quebrantar la ley de Dios es «mundo». Todo aquello que hace a una persona menos de lo que debe ser es «mundo». Todo aquello que llega a sustituir a Dios es «mundo».

La actitud que debemos tener hacia el mundo

Alguien ha dicho: «El cristiano debe respirar el aire de un disconforme.» Este dicho no es para convertirnos en críticos de cuanto se haga o se vea (Ro 2.1). Quiere decir simplemente que un hijo de Dios no debe conformarse con nada en esta vida que minimice su responsabilidad ante Dios, su reverencia a Dios, o su servicio a Él, ni con nada que pueda robarle su anhelo de ser como Cristo.

Siempre deberá mantener una disconformidad interna, aspirar a mejorar en todo. Es decir, con un ojo velando su relación con Dios; con el otro examinando el alma, el corazón, lo íntimo del ser para no acomodarse ni adaptarse a la maldad que reina a su alrededor. Puesto que pertenece a Cristo, deberá vivir procurando ser cada vez mejor.

La disconformidad del cristiano deberá extenderse también a las cosas exteriores. No basta con que esté disconforme en lo íntimo al reconocer el pecado que le rodea; deberá también mostrar con resolución que está en contra de la corriente del «mundo» y la dirección incorrecta que lleva. Esto es lo que quiere decir ser «sal» y «luz» del mundo.

Los cristianos de Roma nos dieron un buen ejemplo: se opusieron abiertamente al culto a los dioses paganos, al libertinaje sexual, a la decadencia del hogar como célula de la sociedad, al descuido de los niños, al aborto, a la violencia, y al poco aprecio de la vida. Vivían conscientes de que el hombre fue creado a la imagen de Dios, con todo lo que tal origen implica.

Conclusión

Un pastor contaba acerca de unos recién casados. El marido, que había sido mujeriego antes de encontrar a Cristo, aprendió el significado de 1 Juan 2.15 de una manera muy dramática.

Un día la esposa fue a visitar a los padres de ella que vivían en una ciudad distante. El joven esposo, que ahora estaba solo en su casa, fue sorprendido una noche por una amante que había tenido antes de su conversión. La mujer no escondió su pasión por él, haciendo todo lo posible para incitarlo a tomarla.

Surgió en él todo el natural deseo varonil, pero a la vez su mente se llenó con los reclamos de Cristo. Y en lugar de abrir los brazos para tomar a aquella que lo tentaba, extendió la mano para alcanzar la foto de su esposa. Se la enseñó a la muchacha y empezó a contarle todo lo maravillosa que era aquella mujer, cuánto lo amaba a él, y el amor que él tenía por ella. La joven, viendo que no podía conquistarlo, se despidió diciendo: «Tu esposa tiene que ser una mujer maravillosa, pues no tienes ojos para otras.»

Este joven marido, contándole el incidente al pastor, hablaba del gozo incontenible que había sentido al saber que el amor que tenía hacia su esposa y hacia Cristo venció los hábitos pecaminosos del pasado. Sobre el altar de la pureza había sacrificado los deseos de la carne, ofreciendo a Dios el dulce aroma de la obediencia.

«No améis al mundo...» Tal disconformidad es sumamente difícil. Es difícil nadar contra la corriente. Es difícil no dejarse moldear por los hábitos del mundo. Pero precisamente a esa vida singular, pero llena de recompensas, es a la que llama Jesucristo a todo hijo de Dios.

13

El hombre hecho nuevo

13

El hombre
hecho nuevo

PARTE I

El hombre y el significado de la resurrección

Cuando salí de Cuba, al año y medio de la victoria de Fidel Castro, había allá una expresión muy oída: «la creación de un nuevo hombre» («nuevo», por supuesto, según los patrones ideológicos del marxismo). La misma expresión la escuché luego en mis viajes a Nicaragua. Para Cuba y Nicaragua esa expresión nacía de la creencia de que por identificarse con el pensamiento marxista una persona podía llegar a ser «nueva» en su pensamiento y en su conducta. Marx, Lenín, Castro, Ortega... todos estuvieron conscientes de que el hombre necesita ser cambiado. En su estado actual, el hombre no da la medida de su potencial. Algo tiene que ocurrir, algo especial tiene que suceder en él para que tal cambio se produzca.

Con los sorprendentes cambios ocurridos en los países comunistas, nos damos cuenta de que su sistema nunca fue capaz de crear ese «nuevo hombre». Fue un concepto deseable en este mundo de tanta falsedad y engaño; pero a ellos les faltó el poder para lograrlo, mucho menos con su deformado modelo ideológico.

Un estudio de antropología tiene que abordar el tema del cambio. La triste realidad de un mundo que se está asfixiando en injusticia, guerra, crimen, drogas, crueldad, contaminación, avaricia, y maldad en general demanda que el ser humano sea cambiado. Y lo cierto es que el ser humano puede cambiar. La pregunta es ¿cómo? Marx no fue el único en tratar el tema. Filósofos de toda estirpe ofrecen sus fórmulas. Pero todos fracasaron. Sus ideas carecen de poder transformador.

Sabemos que la idea de un «nuevo» hombre no se originó con Marx; es tan antigua como Jesús. Fue Él quien habló de un «nuevo nacimiento», de que por el poder del Espíritu de Dios una persona podía cambiar para convertirse en una nueva criatura, en un hombre nuevo. Es de ese nuevo hombre que nos habla todo el Nuevo Testamento. Pero como su fórmula es «religiosa», la mayoría de las gentes la rechazan. Además, no les apela el estilo de vida que demanda Cristo como resultado de ser «nuevas criaturas».

Hoy estudiaremos las implicaciones del nuevo hombre en Cristo. Contestaremos la pregunta ¿cuál es la clave de tal cambio? Veremos que se encuentra en la muerte y la resurrección de Jesucristo. Ya hemos estudiado el sentido y la aplicación de la muerte de Cristo a nuestra vida; ahora veamos las implicaciones de su resurrección.

Las implicaciones de la resurrección

Resurrección significa más que meramente dar vida a lo que está muerto. Durante su ministerio aquí en la tierra Cristo Jesús resucitó a varios: a la hija de Jairo (Mt 9.18–26), al hijo de la viuda de Naín (Lc 7.11–17), a Lázaro (Jn 11.38–44). Todos éstos, sin embargo, volvieron a morir. Cuando tratamos el tema de RESURRECCIÓN A VIDA ETERNA, hablamos de otra cosa, de un evento singular, especial, que vendrá cuando Jesucristo regrese por segunda vez. Es a este concepto de «vida eterna», de un cielo, a lo que muchos se oponen. El tema del cielo no es del agrado del hombre moderno. Este insiste en crear un paraíso para esta vida presente y negar toda idea de una existencia después de la muerte.

Hace poco vi un programa por televisión donde fueron entrevistados varios individuos que tuvieron una experiencia al borde de la muerte. Mostraron la asombrosa semejanza entre las experiencias: todos vieron una luz brillante, todos pasaron por un tipo de túnel hermoso, y al otro lado sintieron gran paz y sensación de tranquilidad y, en algunos casos, vieron a parientes que les llamaban, y otros a Jesús. Algunos de los especialistas (todos psicólogos) que comentaron sobre estos testimonios concluyeron que lo que vieron fue producto de la imaginación sin más valor, pues no hay nada después de la muerte. Otros opinaron que posiblemente habrá algo después de la muerte, pero nadie lo sabe por cierto.

Me interesó ver que ninguno de los que dieron testimonio pretendieron ser religiosos. La Biblia nos dice que la muerte será gloriosa para los que mueren en Cristo; pero será horrible para los que mueren sin Dios y sin esperanza: «*¡No se engañen! Ni los lujuriosos, ni los idólatras, ni los adúlteros, ni los afeminados, ni los homosexuales, ni los ladrones, ni los usureros, ni los borrachos ni los agraviadores, ni los maleantes heredarán el reino de Dios*» (1 Co 6.9–10; véanse también He 9.27; Mt 25.31–46; Lc 16.19–31).

El mensaje de la Biblia, Antiguo y Nuevo Testamentos, es que hay vida después de la muerte, hay un destino eterno para el hombre. El estudio de antropología que ignore el tema está incompleto. Así pues, en estos dos últimos capítulos presentaremos los argumentos bíblicos acerca del futuro del ser humano. Consideraremos la relación de nuestra resurrección con el vivir cotidiano. En el próximo y último estudio discutiremos sobre lo que la Biblia nos dice respecto a cómo será ese estado eterno.

La resurrección: fuente del poder vencedor

Como ya hemos visto, la muerte de Cristo logró satisfacer todas las demandas de Dios en cuanto a nuestra justificación. Ahora veremos que en la resurrección de Jesús está la fuente única para hacer personas nuevas de seres imperfectos. También veremos que la esperanza de nuestra propia resurrección afecta nuestro modo presente de vivir.

Tal como la muerte de Cristo está relacionada con el perdón de nuestros pecados, la resurrección de Cristo está ligada (1) con el nuevo nacimiento, (2) con la nueva vida, y (3) con la victoria sobre el pecado. El pasaje bíblico más importante que nos muestra esta relación es Romanos 6.1–14:

¿Qué, pues, diremos? ¿Perseveraremos en el pecado para que la gracia abunde? En ninguna manera. Porque los que hemos muerto al pecado, ¿cómo viviremos aún en él? ¿O no sabéis que todos los que hemos sido bautizados en Cristo Jesús hemos sido bautizados en su muerte?

Porque somos sepultados juntamente con él para muerte por el bautismo, a fin de que como Cristo resucitó de los muertos por la gloria del Padre, así también nosotros andemos en vida nueva. Porque si fuimos plantados juntamente con él en la semejanza de su muerte, así también lo seremos en la resurrección; sabiendo esto, que nuestro viejo hombre fue crucificado juntamente con él, para que el cuerpo del pecado sea destruido, a fin de que no sirvamos más al pecado. Porque el que ha muerto, ha sido justificado del pecado. Y si morimos con Cristo, creemos que también viviremos con él; sabiendo que Cristo, habiendo resucitado de los muertos, ya no muere; la muerte no se enseñoreará más de él. Porque en cuanto murió, al pecado murió una vez por todas; mas en cuanto vive, para Dios vive.

Así también vosotros consideraos muertos al pecado, pero vivos para Dios en Cristo Jesús, Señor nuestro. No reine, pues, el pecado en vuestro cuerpo mortal, de modo que lo obedezcáis en sus concupiscencias; ni tampoco presentéis vuestros miembros al pecado como instrumentos de iniquidad, sino presentaos vosotros mismos a Dios como vivos de entre los muertos, y vuestros miembros a Dios como instrumentos de justicia. Porque el pecado no se enseñoreará de vosotros; pues no estáis bajo la ley, sino bajo la gracia.

La clave para entender estos textos está en la indisoluble unión que hay entre Cristo Jesús y nosotros que confiamos en Él. Esa identificación es tan real que Pablo dice que como Cristo murió por nuestros pecados, nosotros también morimos con Él a nuestros pecados; como Cristo resucitó a nueva vida, nosotros también resucitamos a una nueva vida.

La consecuencia es que:

- *«hemos muerto al pecado»* (v. 2) y *«nuestro viejo hombre fue crucificado con él»* (v. 6), *«a fin de que no sirvamos más al pecado»* (vv. 6, 11, 12, 13, 14). La muerte de Cristo tiene que ver con el pecado y el perdón.

- Con Cristo hemos resucitado para que *«andemos en vida nueva»* (v. 4), *«vivos para Dios»* (v. 11), y nuestros cuerpos activos *«como instrumentos de justicia»* (v. 13). La resurrección de Cristo se relaciona con la vida.

¿Cómo hacemos estas verdades reales en nuestras vidas? ¡Creyéndolas! ¡Por la fe! Dice San Pablo: *«Consideraos muertos al pecado* [por la muerte de Cristo Jesús], *pero vivos para Dios* [por la resurrección de Cristo Jesús]*»* (v. 11). Por fe actuamos de acuerdo con la verdad que Dios nos ha dado.

Es, para ilustrarlo, como Pedro cuando quiso andar sobre el agua. Sabía que tal cosa era imposible (si no crees que es imposible, ve, si quieres, y pruébalo, aun en la tina, en tu bañadera). Pedro vio que Jesús lo hacía, así que razonó: «Si Jesús con su poder hace lo que es imposible, si Él me da de su poder yo también lo puedo hacer.» Esa confianza lo llevó a la petición: *«Señor, si eres tú, manda que yo vaya a ti sobre las aguas.»* El Señor le dijo *«Ven»*, y Pedro se lanzó para hacer lo imposible (Mt 14.22–33).

¿Qué sucedió? Caminó igual que Jesús sobre las aguas... por unos minutos. Pero entonces, como dice el texto: *«Al ver el fuerte viento, tuvo miedo».* Dejó de fijarse en Cristo y puso su mirada en las circunstancias. Al suceder eso, nos explica el texto, *«comenzó a hundirse».* Pero entonces de ese hombre bendito brotó el grito: «*¡Señor, sálvame!*» Puesta la vista de nuevo en el Señor, este le extendió la mano. Entonces, asido de Él, siguió haciendo lo imposible, caminando sobre el agua hasta llegar a la barca.

Así es nuestro andar en una nueva vida. Nos parece imposible poder caminar sin entregarnos al pecado: a la queja, a la mentira, a la crítica, a la envidia, a la lujuria, a los pecados que quizás algunos consideran insignificantes pero que, como hábitos, nos tienen encadenados. El secreto de la victoria está en el hecho real y verdadero de que hemos muerto al pecado con Cristo, y con Él hemos resucitado a nueva vida. Porque Dios no miente, contamos con esa verdad, descansamos en esa verdad, actuamos de acuerdo con esa verdad, la vivimos por la fe.

Como dice el apóstol en Gálatas 2.20: «*Con Cristo estoy juntamente crucificado, y ya no vivo yo, mas vive Cristo en mí; y lo que ahora vivo en la carne, lo vivo en la fe del Hijo de Dios, el cual me amó y se entregó a sí mismo por mí.*»

En síntesis: Tan seguro como proclamamos la muerte de Cristo y el derecho al perdón completo y total de nuestros pecados, así también afirmamos que con su resurrección Dios nos dio una nueva vida y, con esa vida, victoria segura y constante sobre el pecado.

La resurrección: proceso para una nueva vida

¿Tendrá la resurrección algún significado adicional? ¡Sí lo tiene! Lo llamamos vida eterna, y qué extraordinaria es esa vida que nos viene a consecuencia de la resurrección de Cristo.

La importancia de una enseñanza clara sobre la resurrección la da el apóstol Pablo: «*Si no existe la resurrección de los muertos, entonces tampoco Cristo ha resucitado. Y si Cristo no ha resucitado, nuestra predicación es inútil y lo mismo la fe*» (1 Co 15.13,14).[1] Más adelante añade: «*Si no resucitan los muertos, comamos y bebamos, que mañana moriremos*» (v. 32).

Con la negación de la resurrección se niega todo; la vida se hunde en un abismo y su significado es ilusorio. Con la afirmación de la resurrección (ya que tenemos prueba irrebatible de que Jesús resucitó de entre los muertos) la vida cobra valor y sentido. Así el creyente se une al dicho del apóstol: *«Con su poder, Dios resucitó de entre los muertos al Señor, y nos resucitará a nosotros también»* (1 Co. 6.14). O el texto: *«Pues sabemos que el que resucitó al Señor Jesús de entre los muertos, nos resucitará también a nosotros con Jesús»* (2 Co 4.14).

La resurrección de los creyentes es la consecuencia de la resurrección del Señor. Por esto la Biblia establece un enlace entre Cristo y el creyente: *«el primogénito de entre los muertos»* (1 Co 1.18; Ap 1.5). El sentido es que si Él resucitó, esto asegura nuestra resurrección. En Él descansa toda nuestra esperanza: él es *«el Autor de la vida»* (He 3. 15); es *«la resurrección y la vida»* (Jn 11.25). Además *«el Hijo da vida a quienes le place dársela»* (Jn 5.21); él es *«la vida eterna»* (1 Jn 5.20), lo cual es posible por la resurrección.

La vida de un creyente se caracteriza por una fe sólida en la resurrección de Cristo y, por ende, en una esperanza segura de su propia resurrección. *«¿Dónde está, oh muerte, tu aguijón? ¿Dónde, oh sepulcro, tu victoria? El aguijón de la muerte es el pecado, y el poder del pecado es la ley. Pero, ¡gracias sean dadas a Dios! Él nos da la victoria por medio de* [la resurrección de] *nuestro Señor Jesucristo»* (1 Co 15.56–57).

Porque hay vida después de la muerte, especialmente por la promesa de que esa vida futura será mejor que la experiencia presente, entonces el «aguijón» —el terrible espanto natural hacia la muerte— se torna en victoria y en bendita esperanza.

PARTE II

Las preguntas que surgen

Las preguntas sobre el tema de nuestra resurrección son inevitables: ¿Cuándo será esa resurrección? ¿Cómo será esa resurrección? ¿Qué clase de cuerpo tendremos? ¿Por qué es importante este tema?

El «cuándo» está ligado con la segunda venida de Cristo: «*Porque el Señor mismo descenderá de los cielos, con exclamación de mando, con voz de arcángel y con la llamada de la trompeta de Dios; y los muertos en Cristo resucitarán primero. Después nosotros, los que todavía vivamos, los que hayamos quedado seremos arrebatados con ellos para recibir al Señor en el aire*» (1 Tes 4.16,17).

Es aparente que las almas que han partido a la eternidad están con el Señor (Fil 1.21–23; 2 Co 5.6–8), y sus cuerpos permanecen en las tumbas donde fueron enterrados hasta el día de la resurrección. Los fieles, como dice San Pablo a los tesalonicenses, resucitarán de dondequiera que se encuentren enterrados cuando Cristo regrese por los suyos. Todos los demás [los impíos] también serán resucitados, pero para ser juzgados y luego arrojados al lago de fuego ¡para siempre! (Ap 20.11–15).

La metáfora de la semilla

¿Cómo será la resurrección de los justos? Pablo contesta esa pregunta con una metáfora. Habla del misterioso proceso de la siembra y la siega (1 Co 15.35–44). Primero, dice el apóstol, se planta una semilla. Obviamente la «semilla» representa a alguien que muere y es sepultado. Casi siempre ese cuerpo enterrado es enfermo, débil, viejo, gastado, llevado al momento de la muerte por un proceso natural. Se parece, pues, a la pequeña e insignificante semilla que un campesino mete en la tierra. Como la semilla que muere germina en una nueva planta, así, por el milagro de la resurrección, el cuerpo de todo ser humano un día cobrará una nueva vida. Los justos serán resucitados para vivir en eterno gozo con Dios, los impíos para sufrir eternamente el castigo merecido por rechazar a Cristo y por sus pecados.

Igual que la planta que brota es distinta a la semilla sembrada, así el cuerpo resucitado será distinto del enterrado. En ese proceso misterioso de resurrección intervendrá el poder del Espíritu de Dios. De este decrépito cuerpo enterrado saldrá a la vida algo mucho mejor, mayor, y superior. Por el mero hecho de estar completamente sin pecado el cuerpo resucitado será muy distinto al enterrado.

Es más, al relacionar la muerte de un creyente con la resurrección de Cristo, Pablo no le da una identidad nueva al cuerpo resucitado. Eso está claro por la mención que hace de las distintas clases de especie (vv. 39–41), cada una con su distintivo; es decir, como una semilla de maíz produce una planta de maíz, como un animal con su simiente produce otro animal de la misma especie. Igualmente, cuando el hombre en Cristo muere, en la resurrección también será hombre. Cada individuo mantendrá su propia identidad, reteniendo sus características particulares. No es que en la resurrección se descarte el cuerpo viejo y se haga otro nuevo. De ser así, no haría falta la resurrección.

Es muy importante aclarar esto, pues hay quienes piensan que materialmente seremos muy distintos a lo que somos como seres humanos aquí en la tierra. Repito, si esto fuera cierto, de poco valor sería la resurrección del cuerpo. Pablo, con la mención de «especies», enfatiza la estrecha relación entre el cuerpo enterrado y el cuerpo resucitado.

Es esta verdad lo que lleva a los escritores del Nuevo Testamento a enfatizar la santificación. No podemos conformar nuestros cuerpos al mundo que nos rodea, sino que nuestro deber es buscar la santidad. No nos entregamos al pecado para que siga reinando en nosotros, no ofrecemos nuestros miembros como instrumentos de iniquidad o de injusticia (Ro 6.12–13), pues nuestro cuerpo ha sido redimido para glorificar a Dios por toda la eternidad. Y como esto es cierto, nos preocupamos por nuestra conducta, que esta siempre glorifique al Señor. San Pedro nos dice: «*Vosotros sois un pueblo escogido, un real sacerdocio, una nación santa, un pueblo que pertenece a Dios*» (1 P 2.9).

El cuerpo espiritual

¿Qué clase de cuerpo tendremos? Pablo dice que será «espiritual». ¿Qué querrá decir con eso? Primero veremos lo que no es.

La expresión «cuerpo espiritual» se ha usado por algunos para reintroducir la antigua idea dualista de que el cuerpo es malo y el espíritu es bueno. No pueden concebir que este cuerpo actual, con todas sus debilidades y pecado, será resucitado. Enseñan que Dios sencillamente creará un cuerpo nuevo, un cuerpo «espiritual» apto para el cielo, y que descartará a esos cuerpos yacientes bajo todos esos monumentos de mármol. Basan sus argumentos en este texto de 1 Corintios 15.44: «*Se entierra un cuerpo natural, resucitará un cuerpo espiritual.*» ¿Es esto lo que nos enseña el apóstol? Una referencia a otro texto nos ayudará a comprender lo que él quiere decir.

En 1 Corintios 2 se encuentran las mismas dos palabras griegas de este texto («natural» y «espiritual») para explicar la diferencia entre el espíritu del mundo y el Espíritu de Dios. El hombre que no es espiritual (*psuchikós*: perteneciente al alma natural como hijo de Adán) «*no acepta las cosas que proceden del Espíritu de Dios... y no puede entenderlas porque sólo pueden discernirse espiritualmente* (*pneumatikós*: todo lo producido y mantenido por el poder del Espíritu de Dios). El apóstol claramente establece una diferencia entre la sabiduría humana y la enseñanza poderosa del Espíritu Santo (*pneumatikós*).

Ya que aquí en 1 Corintios 15.44 el apóstol usa las mismas dos palabras, podemos interpretarlas sin confusión alguna. Al decir: «*resucitará un cuerpo espiritual*» (1 Co 15.44) y usar la palabra *pneumatikós*, quiere decir que cuando el cuerpo resucita, este se caracteriza por la obra especial del Espíritu Santo. El cuerpo que tendremos en el cielo será el mismo de ahora, pero será apto para el cielo (mejorado, perfeccionado) por esa obra especial del Espíritu Santo.

La importancia de la santificación de nuestros cuerpos

¿Por qué es importante este tema? Porque tiene mucho que ver con nuestro modo de vivir. Aunque el cuerpo «espiritual» del futuro será este mismo, con la misma personalidad y características que tú y yo tenemos ahora, el Espíritu Santo no espera hasta nuestra muerte para entonces cambiarnos. Está obrando en nuestros cuerpos inmortales preparándolos para la inmortalidad.

Si no fuera así, ¿para qué insistir en que vivamos ahora en nuestros cuerpos una vida de santidad? ¿Por qué demandar un proceso de conformación a Cristo? Es precisamente porque nuestros cuerpos actuales son los que serán resucitados que importa tanto lo que hagamos con ellos durante esta vida. El proceso de santificación que experimentamos en esta vida nos prepara para el día de la resurrección.

Fíjense cómo San Pablo enseña el valor de nuestros cuerpos al decir: «*¿O no saben que su cuerpo es templo del Espíritu Santo?*» (1 Co 6.19); «*...honren a Dios con su cuerpo*» (v. 20); «*Hijos míos queridos, por quienes estoy de nuevo como con dolores de parto hasta que Cristo sea formado plenamente en vosotros*» (Gál 4.19); «*Siempre llevamos de una parte a otra en nuestros cuerpos la muerte de Jesús, a fin de que también la vida de Jesús se manifieste en nuestro cuerpo*» (2 Co 4.10).

En este mismo sentido notemos cómo Pablo, al tratar la experiencia sexual humana, habla de ella en términos de su relación con Dios: «*Nuestro cuerpo no está hecho para la* inmoralidad sexual, sino para el Señor, y el Señor para el cuerpo» (1 Co 6.13). Por eso nos dice: «*Huyan de la inmoralidad sexual. Todo otro pecado que pueda cometer el hombre queda fuera de su cuerpo; pero el que peca sexualmente, peca contra su propio cuerpo*» (v. 18). Esta verdad necesita ampliación. Permítanme explicarlo de la siguiente forma:

La sexualidad en el contexto de la eternidad

El sexo es creado por Dios y representa la más profunda, placentera, e íntima relación de la cual un hombre y una mujer pueden disfrutar. Fue creado con el propósito de cimentar las relaciones entre ambos géneros. Tan completa es esta unión que, cumpliéndola, ambos forman una sola carne. En el ser humano el sexo satisface la necesidad emocional más profunda, y refleja la perfecta unidad y gozo que existe entre Padre, Hijo y Espíritu Santo. Además, es una unión que tiene una característica parecida a la de Dios: la de producir vida. El sexo, disfrutado de acuerdo con el diseño divino, es la vía perfecta para el amor, la intimidad, el cariño, la devoción, la amistad, la bondad, la cortesía, la benevolencia, el desinterés propio, la consideración, y la genuina admiración. Dios lo usa como la analogía para describir la relación que hay entre Dios y su iglesia (su esposa), y el gozo indescriptible de aquel día venidero cuando la iglesia se unirá a Él para siempre en «*la cena de las bodas del Cordero*» (Ap 19.9).

El ataque más estratégico de Satanás contra Dios y el hombre creado a su imagen es por medio de nuestra sexualidad. Al pervertir lo sexual ataca al corazón mismo de nuestras relaciones, tanto del uno con el otro, como con Dios. Introduce la alienación entre el hombre y la mujer, crea un corto circuito en el orden social, trastorna la relación con Dios, distorsiona la imagen de Dios en el hombre, viola las emociones humanas, introduce la confusión y la frustración.

La persona poseída por concupiscencia y lujuria hace una caricatura del amor. Toma lo sublime y trágicamente lo enfanga. Toma lo sagrado y viciosamente lo destruye.

La persona que se entrega a la concupiscencia nunca podrá hallar satisfacción. Se nutre de un placer animal, pidiendo más y más, pero en lugar de encontrar satisfacción encuentra aburrimiento. Indiferente a la dignidad humana, con egoísmo demanda más y más de su cómplice, terminando en actos de indescriptible indecencia y crueldad.

La inmoralidad sexual inicia una cadena de consecuencias horribles. Afecta la mente, y por lo tanto a la personalidad del transgresor, ya que desata recuerdos, pensamientos, y apetitos que no pueden ser satisfechos sin otros encuentros ilícitos. Afecta las relaciones familiares, ya que el que se une sexualmente con otra persona se hace «una carne» con ella (esa es la ley divina bajo la cual fuimos creados). La fidelidad entre marido y mujer, por lo tanto, se quiebra irreparablemente con el adulterio, cosa que también causa daño incalculable a la familia entera, a los hijos, a otros miembros de la familia extendida, y aun en la manera en que la sociedad considera al transgresor. Y, como hemos visto, afecta gravemente la relación del individuo con Dios debido a los efectos internos. El que transgrede sexualmente las leyes de Dios vive, pues, con un corazón dividido.

Es por esto que nos dice el apóstol: «*¿No sabéis que vuestros cuerpos son miembros de Cristo? ¿Quitaré, pues, los miembros de Cristo y los haré miembros de una ramera? De ningún modo. ¿O no sabéis que el que se une con una ramera es un cuerpo con ella? Porque dice: Los dos serán una sola carne. Huid de la fornicación. Cualquier otro pecado que el hombre cometa, está fuera del cuerpo; mas el que fornica, contra su propio cuerpo peca. ¿O ignoráis que vuestro cuerpo es templo del Espíritu Santo, el cual está en vosotros, el cual tenéis de Dios, y que no sois vuestros? Porque habéis sido comprados por precio; glorificad, pues, a Dios en vuestro cuerpo y en vuestro espíritu, los cuales son de Dios*» (1 Co 6.15, 16, 18–20).

¿Hay perdón para el que ha caído? Por supuesto que sí. «La sangre de Cristo nos limpia de todo pecado». Pero no olvidemos que el perdón no borra las consecuencias. Y con esas consecuencias tiene que vivir el adúltero. De ahí las palabras «el que peca sexualmente peca contra su propio cuerpo» (peca contra todo lo que es como persona). Es muy posible que San Pablo también tuviera en mente la consecuencia eterna de este pecado sobre el cuerpo cuando sea resucitado. Es por esto que tenemos que afianzarnos de la verdad de que poderoso es el Espíritu que levantó a Jesucristo de entre los muertos para purificar y limpiar el corazón. El que ha caído puede esperanzarse en la divina obra de santificación, entregando aun su pecado a ese proceso de limpieza y purificación (Fil 3.10–11).

Es así que no podemos pensar en el cuerpo como algo aparte, algo independiente, sino sólo a la luz de que un día será resucitado. Lo que hacemos ahora afectará lo que seremos en la eternidad.

La gloria que nos espera

Escribiendo a los creyentes en Éfeso, San Pablo dice que ora por ellos para que «*los ojos de su corazón sean iluminados a fin de que conozcan la esperanza a que* [Cristo] *los ha llamado, la riqueza de su gloriosa herencia en los santos*» (Ef 1.18). A los corintios dijo: «*...ojo no ha visto, ni oído escuchado, ni mente humana ha podido concebir lo que Dios tiene preparado para los que le aman*» (1 Co 2.9).

No hay mayor estímulo para entregar nuestros cuerpos como sacrificio vivo al Señor que la meditación acerca de la gloria que nos espera. Mientras más sepamos de esa gloria, más dispuestos estaremos a abandonar nuestros pecados, mortificar nuestra carne, y prepararnos para lo que nos espera. «*Todo el que tiene esta esperanza en él se purifica a sí mismo, así como él es puro*» (1 Jn 3.3).

¿Qué es lo que nos espera? De esto hablaremos en el capítulo que sigue. Mientras tanto permítanme contarles de una experiencia reciente.

Hace poco estuve en la ciudad de Everett, en el estado de Washington. Años atrás, cuando vivía en esa región de los Estados Unidos por mis estudios universitarios, se enfermó mi esposa, y poco después fue a la presencia del Señor. Aproveché mi viaje para visitar el cementerio donde fue enterrada.

Es un lugar muy bien cuidado, sobre una loma a la salida de la ciudad. Los árboles dan sombra a las tumbas. Hacia el este se ven montañas con sus sábanas de nieve. Hacia el oeste está el Pacífico. Al lado de un camino que separa las tumbas está la pieza de mármol, que dice:

Mary Luise Doty Thompson
Septiembre 14, 1931
a Mayo 31, 1959

Eso es todo. Una tumba extremadamente simple. Al verla de nuevo me parecía tan poco para recordar a aquella hermosa mujer, madre de tres de mis hijos, esposa fiel y devota, mujer que con tanto cariño me había acompañado a Cuba para servir al Señor.

Unas yerbas crecidas acariciaban el mármol frío. Un musgo verde cubría las letras, haciendo difícil la lectura del nombre y las fechas; hongo negro ocultaba el color azul grisáceo del mármol.

No tenía nada conmigo para limpiar el mármol, así que bajé a la ciudad y, en un almacén, compré varios artículos de limpieza. Regresé a la tumba y con cuidado dejé la placa de mármol con aquel nombre tan querido, limpio y resplandeciente como el sol de aquella tarde de noviembre.

Mientras limpiaba la tumba, mil recuerdos llenaron mis pensamientos... recuerdos de cuando conocí a María, del noviazgo, de nuestra boda, de nuestros pocos años juntos... recuerdos que los años no han podido borrar.

Entonces vino a mi imaginación otro día en el futuro. De ese día en que se oirá el sonido de un clarín, y las nubes se partirán ante la presencia visible de Jesucristo. En ese momento los cementerios del mundo se conmoverán, y de las tumbas saldrán los cuerpos de los muertos.

En ese día glorioso, lo que ahora es polvo cobrará vida. De esa misma tumba que estaba limpiando se levantará el cuerpo de María. En ese día esperado esa bella y encantadora mujer que fue mi querida esposa volverá a tener vida y se unirá milagrosamente al espíritu que ahora está con el Señor. Inmediatamente después, de acuerdo con la promesa del Señor, yo, mis hijos, mis nietos, mi Carolina —junto con todos los santos vivos— seremos arrebatados para encontrarnos con Cristo en las nubes. Y ¡para siempre estaremos con el Señor!

Esta es la promesa de Cristo Jesús. Esta es mi bendita esperanza.

---

1. En este capítulo la mayoría de los textos son de la Nueva Versión International.

14

El hombre y el mundo venidero

14

El hombre
y el mundo venidero

Tal parece que ningún tema bíblico produce más interés que el profético, y nada provoca más agitada discusión que un desacuerdo escatológico (la rama teológica que trata de los tiempos finales).

En este capítulo trataremos el tema de nuestra glorificación, es decir, la gloria eterna que espera a los redimidos después del gran juicio, cuando estemos con Dios para siempre. Bien consciente de que hay diversidad de opiniones entre los grandes hombres de Dios en cada área escatológica y de que aun los más respetados intérpretes bíblicos no están del todo de acuerdo, voy a proceder cautelosa pero también positivamente. Saber lo que nos espera en la eternidad es de suma importancia para nuestra fe.

Por la limitación de tiempo y espacio, no podremos tocar temas como las señales de la venida de Cristo, el anticristo, la bestia, la tribulación, el milenio, etc. Tampoco trataremos el relevante tema del juicio final y el estado eterno de los impíos. Desde el primer capítulo hemos dirigido este estudio a los que ya son de Cristo; así pues, sólo estudiaremos los aspectos más importantes que tienen que ver con el estado final de los hijos de Dios, comenzando con nuestro hogar eterno, «la tierra nueva y los cielos nuevos».

El Dr. J.I. Packer, en uno de sus perspicaces pensamientos, dice: «Cuando las personas pierden la memoria y no pueden recordar dónde está su hogar, les tenemos lástima;

183

pero cuando un cristiano olvida que el cielo es su verdadero hogar, y no piensa positivamente en ese hogar, es de todos los hombres el que más lástima nos debe dar» (*Christianity Today*, 18 de junio, 1990, p. 11).

¿Cómo ves el cielo? ¿Qué estás haciendo en preparación para esa eternidad que te espera? La escasez de mensajes sobre el tema del cielo hoy día quizás pueda atribuirse a las muchas críticas que se nos han hecho a los evangélicos de tener la mente tan metida en el cielo que no nos importa la tierra, por ejemplo:

Del cielo es todo lo que piensan ustedes los evangélicos. Vivimos en este mundo tan lleno de problemas, pero ustedes ni parecen verlos, tan entretenidos están con el cielo. Es el tema de la guerra, del hambre, la injusticia, la delincuencia, el imperialismo lo que debiera importarles. Deben dejar de soñar con el cielo y unirse a la pelea de ahora: luchar contra todos aquellos que hacen armamentos de guerra, contra los paises que fabrican las bombas químicas y atómicas. Deben unirse con nosotros para luchar contra la compra y venta de armas, para que los gobiernos usen esos enormes capitales para darles de comer a los pobres, o para establecer mejores escuelas y hospitales. Basta de hablar de calles de oro en un mundo mejor en el más allá. Es hora de que la iglesia entre a la lucha política para crear un mundo mejor ahora, y que abandone esa idea de salvar almas para el más allá.

¿Estarán justificados los que hacen tal tipo de crítica? Contestamos con dos sencillas declaraciones. La primera es bíblica, la segunda histórica.

Dice San Pablo: «*Pongan su corazón en las cosas de arriba, donde Cristo está sentado a la diestra de Dios. Piensen en las cosas de arriba, no en las terrenales*» (Col 3.1,2). Encontramos un pensamiento semejante en la carta de Pablo a los efesios: «*Oro para que los ojos de su corazón sean iluminados a fin de que conozcan la esperanza a que él os ha llamado, la riqueza de su gloriosa herencia en los santos»* (Ef 1.17,18).

A través de todo el Nuevo Testamento somos llamados a prepararnos para el cielo y a tener nuestra mirada puesta en esa bendita promesa de Cristo (Jn 14.1–4). Pensar y actuar preparándonos para el día en que estaremos con Cristo es el deber principal de todo hijo de Dios (Fil 3.20,21).

Por otra parte, la historia demuestra terminantemente que los que más han hecho para mejorar el mundo presente han sido aquellos que han tenido al cielo como meta principal. Nótense las hazañas de los héroes de la fe en el capítulo 11 de Hebreos y todo lo que hicieron por este mundo. Nótese que se nos dice que fueron hombres que fijaron la vista no tanto en este mundo como en el venidero.

Veamos otros ejemplos. En su artículo ya mencionado, el Dr. J.I Packer nos dice: «La formación de los gremios laborales tiene su origen más en el metodismo de Juan Wesley que en las ideas de Karl Marx.» ¿Y quién tenía al cielo más en su corazón que Juan Wesley?

Me contaba Luis Palau de un encuentro que tuvo con el ex presidente de Colombia Alfonso López Michelsen. Michelsen le dijo que luego de escribir su tesis doctoral sobre la influencia de Juan Calvino en la democracia había concluido que «sin una ética calvinista es imposible que funcione la democracia». Dice Alister McGrath en su *Life of John Calvin* [La Vida de Juan Calvino], (Basil Blackwell Ltd, Oxford, Inglaterra, pp. 185–187), que el calvinismo estableció las bases para el pensamiento político progresivo... un movimiento que propagaba libertad personal en una era de opresión eclesiástica... El calvinismo rompió el concepto medieval de que las estructuras existentes son ordenadas por Dios y por lo tanto inviolables... Además, en la Ginebra de Calvino la noción de los derechos humanos, separados de su contenido teológico, llegó a amalgamarse con el republicanismo. Efectivamente, las ideas que resultaron en la democracia se originaron con el mencionado teólogo suizo, basándose en los conceptos bíblicos de la dignidad del hombre creado a la imagen de Dios. El mundo entero ha adoptado esas ideas políticas calvinistas para establecer lo que hoy llamamos democracia. ¿Y quién mostró más fervor por el cielo que Juan Calvino?

¿Quiénes son hoy día los que establecen hospitales en lugares inhóspitos del mundo, no son los cristianos? ¿Quiénes se preocupan por las viudas, por los huérfanos, los analfabetos, los desterrados, los hambrientos? ¡Al frente de todo esfuerzo humanitario significativo están los que creen en Cristo y en su cielo! Ellos quisieran que este mundo se pareciera más al lugar donde mora Dios.

Martin-Lloyd Jones critica a los que se han olvidado del cielo, diciendo:

> Durante los últimos treinta o cuarenta años el énfasis lo hemos puesto en este mundo; la predicación acerca del cielo y la gloria se ha hecho impopular. Considera cómo se encuentra el mundo de hoy, observa lo que está pasando. Cuando los hombres se olvidan del mundo venidero y se concentran sólo en esta vida presente, este mundo se convierte en un infierno, lleno de confusión, de inmoralidad desenfrenada, de vicios por todas partes. El único que en realidad sabe vivir en el mundo presente es el que reconoce que este mundo es sólo la antesala del venidero».[1]

Para otros, pensar en el cielo es traer a la mente aquel seguro y terrible encuentro con el todopoderoso Dios... es recordar el gran juicio y todos los pecados cometidos... es caer de rodillas ante el imponente y omnisciente Dios que manda a los imperfectos y a los que le contradicen al fuego eterno. Además, vivir para siempre en presencia de tan augusto, puro, y justo Ser da temor más que deseos. Pasar una eternidad, día y noche sin fin, convertidos en semiángeles cantando aleluyas a Dios en aquel coro celestial... pues, de veras, tal idea no resulta muy deseable.

Si lo que se oye del más allá y de Dios correctamente representa lo que es ir al cielo, ¿quién quiere ir a tal lugar? Quizás ir a visitarlo un rato, así como de turista, pero... ¿para siempre?

Por otro lado, quizás lo que nos asusta es la misma muerte y el pensamiento de que aquello que se dice del cielo sea puro mito. ¿Qué si en realidad no hay tal lugar? ¿Qué si el fin de todo es una tumba fría con sólo un letrero de mármol para recordar a los curiosos que entre tal y tal año vivió la persona nombrada allí?

No saber lo que en realidad nos espera después de la muerte es aterrador. Es precisamente carecer de suficiente enseñanza bíblica sobre este tema lo que suscita tanta intranquilidad. Si el cielo es un lugar de deleite, de gozo, de paz, de alegría, de absoluta perfección, ¿cómo lo sé? ¿Qué seguridad tengo de que ese mundo será mejor que este?

Ya hemos revisado el tema de la resurrección. Queda por ver la tierra nueva, la visión dei (la visión de Dios), y el reino venidero. Cada uno de estos temas fácilmente podría llevarse un capítulo, pero nos queda espacio sólo para unos párrafos, los que espero abran el apetito para una rica reflexión (en contraste con una especulación vana) del futuro que nos espera.

---

1. Martin-Lloyd Jones, *God 's Ultimate Purpose*, Baker Book House, p. 383

15

*Una tierra y
un cielo nuevos*

15

Una tierra y un cielo nuevos

PARTE I

Tres textos son básicos para el estudio de la tierra nueva: Isaías 65.17 con 66.22 («*porque he aquí, yo creo un nuevo cielo y una nueva tierra*»); 2 Pedro 3.10,13 («*pero nosotros esperamos, según sus promesas, cielos nuevos y tierra nueva en los cuales mora justicia*»); y Apocalipsis 21.1 («*Después vi un cielo nuevo y una tierra nueva, porque el primer cielo y la primera tierra habían desaparecido*»). Otros textos que tratan del nuevo cielo y la nueva tierra son Salmos 102.26,27; Isaías 51.6; Romanos 8.19-23; Hebreos 12.26,27; Apocalipsis 20 y 21.

En primer lugar, indicamos que la doctrina bíblica de la nueva tierra es de mucha importancia ya que nos permite entender cómo será nuestra vida futura. ¿Hemos de pasar la eternidad por allá en el espacio, vestidos con togas blancas, tocando arpas de oro, cantando himnos bonitos, y saltando de nube en nube? De ninguna manera. La Palabra de Dios nos enseña que moraremos en una nueva tierra donde viviremos para alabanza de Dios en nuestros cuerpos resucitados y glorificados. Como Dios hará su morada en esa nueva tierra (Ap. 21.1-3) y donde está Dios es el cielo, vivir en la tierra nueva será igual que vivir en el cielo.

En segundo lugar, la doctrina de la nueva tierra y el nuevo cielo es importante para poder entender a plenitud toda la dimensión del plan divino de redención. El primer mundo fue condenado por Dios a consecuencia del pecado, por lo tanto, Dios tuvo que enviar a su Hijo al mundo para redimirlo. La Biblia nos aclara que el plan cósmico de Dios no es solo rescatar a una innumerable hueste de pecadores, sino que incluye redimir eternamente a toda la creación, como aclara San Pablo en Romanos 8.18-27. Dios creará una nueva tierra y un nuevo cielo que durarán no sólo mil años sino por toda la eternidad. Los que toman estos pasajes y los limitan al milenio empobrecen severamente su entendimiento de la gloriosa eternidad que disfrutaremos junto a Dios.

En tercer lugar, la doctrina de la nueva tierra y el nuevo cielo es importante ya que nos muestra el cumplimiento de las muchas promesas de la Biblia acerca de esa morada eterna que Dios ha preparado para los que confían en él. Desde la antigua historia de Abraham leemos de aquellos que lo dejaron todo en busca de *«la ciudad* [eterna] *que tiene fundamentos, cuyo arquitecto y constructor es Dios»* (He 11.10). David el salmista entendió que este mundo, *«como una vestidura»*, envejecería y que Dios lo cambiará *«como un vestido»* por un mundo nuevo (Sal 102.25-28). El libro de Isaías, luego de mostrar los pecados de los hombres, los juicios de Dios, y la promesa del Salvador, concluye con dos capítulos dedicados a la gloriosa esperanza de la tierra nueva. El mismo Jesús consuela a los discípulos diciendo: *«No se turbe vuestro corazón; creéis en Dios, creed también en mí. En la casa de mi Padre hay muchas mansiones; si no, ya os lo hubiera dicho; voy pues, a preparar lugar para vosotros. Y si me voy y preparo lugar, vendré otra vez, y os tomaré conmigo, para que donde yo estoy, vosotros también estéis»* (Jn 14.1-3). La tierra nueva, esa morada con Dios, es lo que Él nos ha prometido y es lo que todos buscamos.

En cuarto lugar, esta doctrina es importante ya que la realidad y gloria de esa tierra nueva y cielo nuevo forman la base para la gran invitación del que es el Alfa y la Omega:

«Al que tenga sed yo le daré gratuitamente de la fuente del agua de la vida» (Ap 21.6); y la invitación de *«el Espíritu y la Esposa: Ven. Y el que oye, diga: Ven. Y el que tiene sed* [de disfrutar de esa gloria prometida], *venga; y el que quiera, tome del agua de la vida gratuitamente»* (Ap 22. 17). Para disfrutar de todo lo que significa esa gloriosa eternidad en ese paraíso terrenal es que nos salva Jesucristo de nuestros pecados.

Una comparación entre Génesis y Apocalipsis nos ayudará a comprender que literalmente se trata de algo nuevo, glorioso, y eterno:

Génesis	*Apocalipsis*
Dios crea los cielos y la tierra	Dios crea un nuevo cielo y una nueva tierra
Dios hace las lumbreras, el sol, y la luna	Dios mismo es la luz del cielo
Se describe el paraíso perdido	Se describe el paraíso restaurado
Se describe a Satanás, el sutil engañador	Se describe a Satanás echado al fuego eterno
Se describe al hombre escondiéndose de Dios	Se describe al hombre cara a cara con Dios
Habla del ángel prohibiendo acercarse al árbol de la vida	Habla del hombre con libre acceso al árbol de la vida

¿Cómo serán esa nueva tierra y ese nuevo cielo? Lee Romanos 8.18-27 e Isaías 11.6-9; 65.17-25; también Apocalipsis 22, donde habla del río y el árbol de la vida que produce doce frutos distintos, para ver cómo será ese nuevo mundo. ¿No crees tú que en esos textos hallamos un buen argumento para creer que allá habrá vegetación y animales? Y también, ¿qué querrá decir el apóstol con la frase *«la carne y la sangre no pueden heredar el reino de Dios»* (1 Co 15.50), ya que los animales —como nosotros— tienen sangre y carne? ¿Significará San Pablo sencillamente que para la existencia en la nueva tierra todo tiene que ser transformado, aun los animales, si es que allí los habrá?

Otra interesante observación en cuanto a la tierra nueva se encuentra en ese mismo pasaje de Isaías 65. Hay allí un vivo contraste entre este viejo y desgraciado mundo y el que viene. Los que morarán en esa tierra venidera serán felices, pues será un lugar donde no habrá enfermedad, donde los niños no morirán en su infancia. Allí se darán viviendas a todo ciudadano. Los pobres y los obreros no serán explotados. Habrá dignidad en el trabajo. Será un lugar donde no habrá conflicto de ninguna clase, como lo indica la figura del lobo y el cordero durmiendo juntos. Será un lugar donde no habrá lágrimas ni dolor ni pena alguna. Esa nueva tierra será perfecta en todo aspecto: social, político, y moral.

El capítulo 66 de Isaías añade que allí Dios dará a su pueblo gran prosperidad (v. 12), consolará a su pueblo (v. 13), hará que se regocijen (v. 14). Los que habitan allí habrán sido traídos de todas las naciones (v. 20), todos permanecerán en la presencia de Dios para siempre (v. 22), todos los habitantes de esa tierra adorarán eternamente (v. 23).

Ya que el tema del cielo ha sido motivo de tanta especulación, permítanme hacer dos advertencias:

- Es un error pensar acerca del cielo en relación directa con este mundo presente, es decir, sencillamente glorificar lo que nos gusta de este mundo y pensar que así será el cielo.

- Es otro error pensar que el mundo venidero será tan distinto del presente que no tendrá ninguna relación con este.

Debemos evitar cualquiera de estos dos extremos. Donde la Biblia guarda silencio, no seamos atrevidos. Cuidemos siempre de buscar base sólida para lo que decimos acerca del cielo. No permitamos que nuestros propios conceptos y deseos se conviertan en especulación. Aun si queremos interpretar todo lo bíblico en sentido literal, el hecho es que hay también mucho simbolismo que debe interpretarse como tal.

Podríamos decir mucho en cuanto a esta doctrina. Por ejemplo, el hecho de que la Biblia hable de una «tierra nueva» enfatiza la verdad de nuestra resurrección. La Biblia aclara que nuestros cuerpos tendrán una tierra donde podrán cumplir con las funciones que nos corresponderán en el porvenir. En ese más allá no seremos como espíritus flotando en el espacio eterno, ni como los ángeles. Seremos lo que somos, humanos (una creación especial de Dios), con cuerpos parecidos al de Cristo resucitado (Fil 3.21), y viviremos en un paraíso terrenal creado especialmente para nuestra morada eterna con Dios (Ap 21.1-3).

Hay quienes han querido minimizar la importancia de la «tierra nueva» haciendo esta expresión sinónima del cielo (el lugar donde mora Dios) y negando así su literalidad. Piensan que el énfasis en una tierra en el más allá es egoísta, pues le da demasiada importancia al hombre. Para ellos el hombre es insignificante; todo honor y gloria debe ser únicamente para Dios. En la descripción que ellos ofrecen de la eternidad, el hombre como entidad especial casi desaparece. Lo mezclan con los ángeles y otros seres celestiales cuyo fin es dar eterna alabanza al inefable Dios.

¿Puedes creer que este Dios nuestro, que hizo al hombre a su imagen y creó este bello mundo para ser habitado por nosotros, luego que pecamos perdió todo interés en nosotros? Piensa en todo lo que Dios ha hecho para redimirnos, todo lo que Jesucristo padeció para perdonarnos, todo lo que hace el Espíritu Santo para santificarnos. Toda esa actividad divina muestra que —aunque totalmente inmerecedores— somos de suma y eterna importancia para el Trino Dios. Y esta importancia está encerrada en esa incomprensible afirmación de que somos «*¡la esposa del Cordero!*» (Ap 21.9 y 19.6-9).

Piensa: Para la novia no hay nadie tan importante como el novio; para el esposo nadie es tan importante como la esposa. Y esta es la tierna relación que Dios usa para describir la afinidad que existe entre Cristo Jesús y los redimidos por su sangre. La idea de que allá en el cielo el hombre será —junto a los ángeles y serafines— sólo un mero espectador de esa gran divina gloria del Trino Dios no cuadra con la Biblia. Por supuesto, eternamente cantaremos el «canto de los redimidos» y nos uniremos a toda la creación a exaltar al «Santo». Pero para los redimidos morar con Dios significa mucho, mucho más.

San Pablo habla de ese día diciendo: «*Ahora vemos por espejo, en oscuridad; mas entonces veremos cara a cara. Ahora conozco en parte; pero entonces conoceré como soy conocido*» (1 Co 13.12). Para la «esposa del Cordero» habrá actividad en el cielo. Habrá conocimiento en el cielo. Habrá retos intelectuales en el cielo.

¡La «esposa del Cordero»! Imagínate lo que eso implica en términos de relación con Dios. ¿Cómo es que nuestro Señor nos verá allá en el cielo?

Considera la gloria con que se describen las «bodas del Cordero» en Apocalipsis 19.6-9 y 21.9-22.5. Nos indica que el ángel llevó al apóstol Juan a un lugar alto desde el cual podía contemplar toda la gloria de la «esposa del Cordero». La descripción que sigue es de una «ciudad». Dice el comentarista bíblico William Hendriksen en *Más que vencedores*: «La ciudad y la novia son idénticas. Ambas indican la Iglesia de Dios (Is 54. 1; Ef 5.32; Is 26.1; 40.9; Sal 48)... es la comunidad de los hombres en comunión con Dios. En todo el universo nada es tan glorioso como tener comunión con Dios, y que el tabernáculo de Dios esté con los hombres y que le pertenezcamos a Él. Además, como el símbolo de la Ciudad Santa tan claramente lo indica, esta comunión es santa, y eterna y será disfrutada por una innumerable muchedumbre» (p. 243).

Lee cuidadosamente Apocalipsis 21.9,10. ¿No está claro que la ciudad es un símbolo para describir a los redimidos de todas las edades? El ángel le dice: «*Ven acá, yo te mostraré la desposada, la esposa del Cordero*». Al enseñarle «la ciudad», le mostró «la desposada» de Cristo. «Esposa» y «ciudad» son, pues, sinónimos, términos intercambiables. San Juan ve a todos los redimidos como si fueran una esplendorosa ciudad, cuya gloria y brillantez podía describir sólo en términos de símbolos resplandecientes, como piedras preciosas de gran valor. Nos ve como Dios nos ve: creaciones nuevas, purificados por la sangre de Cristo, luciendo un esplendor inexplicable.

Creo que perdemos el sentir verdadero de esta porción bíblica si le damos sólo un sentido material, si pensamos en términos de una ciudad literal, olvidándonos de que el apóstol Juan una vez tras otra usa figuras para describir lo indescriptible. ¿Qué ser humano podría hallar palabras adecuadas para describir aquel glorioso evento en que toda la Iglesia de Cristo de todas las edades será juntada por Dios en el cielo para ser llevada de una vez a habitar la nueva tierra? No es literalmente a edificios, como Juan describe, ni a calles de oro, ni a muros, ni a joyas, ni a puertas de perlas. Todo eso es representación figurada de las cualidades del glorioso lugar que será la nueva Jerusalén donde morará Dios eternamente con los suyos. (En su comentario *Más que vencedores*, el Dr. Hendriksen aclara cada simbolismo al aplicarlo a la «novia del Cordero».)

En otras palabras, en la descripción de la Nueva Jerusalén, San Juan se refiere a los redimidos en la gloria eterna. Es más, tan enorme es el grupo de los santos que para darnos una idea de su número los menciona como si fueran una ciudad cuadrangular (21.16), cada lado de 12.000 estadios (2.200 kilómetros, la distancia aproximada entre Lima y Buenos Aires, o entre Los Ángeles y la ciudad de México). ¡Imagínate la innumerable multitud que cabría en tal espacio! ¡Y pensar que tú y yo seremos parte de la ciudadanía de esa «ciudad» celestial!

¡Cuán gloriosa es nuestra esperanza, no sólo vivir en una tierra nueva sino también ser hechos personas nuevas por la eternidad! Y para más, moraremos con el mismo santo Dios:

«*He aquí el tabernáculo de Dios con los hombres, y Él morará con ellos; y ellos serán su pueblo, y Dios mismo estará con ellos como su Dios*» (Ap. 21.3). Esta visión llena y satisface completamente todo anhelo del corazón humano.

16

La visión de Dios

16

La visión
de Dios

S e cuenta que en una ocasión San Agustín de Hipona oró
de una forma muy atrevida: «Señor, has declarado que
nadie puede ver tu rostro y vivir. Permíteme entonces morir
para que pueda verte.» ¿Cómo será ese bendito y glorioso día
cuando por fin veremos a Dios? ¿Estaremos llenos de temor?
¿Cómo reaccionaremos?

Isaías nos cuenta que cuando tuvo su visión de Dios cayó
como muerto. Dice que vio *«al Señor sentado sobre un trono
alto y sublime, y sus faldas llenaban el templo. Por encima
de él había serafines; cada uno tenía seis alas; con dos
cubrían sus rostros, con dos cubrían sus pies, y con dos
volaban. Y el uno al otro daba voces, diciendo: Santo, santo,
santo, Jehová de los ejércitos; toda la tierra está llena de su
gloria. Y los quiciales de las puertas se estremecieron con la
voz del que clamaba, y la casa se llenó de humo»* (Is 6.1-4).
Con esos serafines en mente algunos han inferido que la única
y exclusiva actividad de todos en el cielo será continuamente
rendirle homenaje a un Dios temible y distante.

Al contrario, al leer Apocalipsis 21 y 22 no vemos a los
redimidos llenos de pavor, cubriendo sus rostros ante el
Altísimo Dios, diciendo «Santo, Santo, Santo». Vemos más
bien la alegría y el encanto de una novia preparándose para
una boda. Vemos a la Iglesia gloriosa y esplendorosa «dispuesta como una esposa ataviada para su marido». Allí no se
ve a los redimidos cubriendo sus rostros ante el Altísimo, al

contrario, se les ve en la presencia de su Redentor disfrutando de su gloria cara a cara, sin temor y sin espanto.

En realidad, lo más glorioso del cielo será gozar de la visión de Dios (en teología se usa el latín, *visio Dei*; también se dice visión beatífica). Ver a Dios tal como Él es, sin interferencias, sin un velo oscuro, representa la más grande esperanza de un creyente. Tan satisfactorio será conocer y disfrutar de Dios que la necesidad de matrimonio, como lo conocemos en esta tierra, será innecesaria. Cristo será nuestro todo en todo.

¿Qué significará exactamente ver a Dios cara a cara? La imaginación nos lleva a Adán y a Eva en el paraíso. No sólo los vemos deleitándose de toda la belleza que les rodeaba y del amor que sentían el uno por el otro, sino también los vemos disfrutar del gozo sin igual de la ininterrumpida presencia de Dios. ¡Qué deleite! ¡Perfección total! Es ese cuadro, es esa visión, lo que encierra la suma de todo lo que el ser humano necesita para su felicidad. Como resultado, todos buscamos un Edén.

La tendencia es buscar al Edén mirando hacia atrás, al pasado, olvidando que de allí por nuestros pecados fuimos echados, y que «al oriente del huerto de Edén» los querubines con sus espadas encendidas no permiten regreso. Es en dirección opuesta, hacia adelante, al futuro, adonde tenemos que mirar. Allí, al oeste, encontramos al que está indicando el camino, diciendo: *«Yo soy la puerta.» «Yo soy el camino, la verdad y la vida; nadie viene al Padre, sino por mí.»*

Peter Kreeft, en su libro, *Heaven* [El cielo], lo expresa así:

> Anhelamos lo infinitamente viejo y lo infinitamente nuevo porque anhelamos la eternidad. Aun si llegáramos a esa mítica Edad de Oro del pasado, o si llegáramos aun al momento de la creación del mundo, anhelaríamos dar un paso más allá, saliendo aun de la misma historia para fundirnos con la mente eterna de Dios o, si fuera necesario, atravesando toda la creación para llegar al Creador. Y si acaso fuésemos a alcanzar alguna mítica utopía sobre esta

tierra, todavía anhelaríamos llegar a la cúspide de toda la historia, al fin del mundo, a la muerte del tiempo, para ser tragados por la eternidad. Anhelamos viajar por el río del tiempo hasta llegar al océano que no tiene medida, para alcanzar al mismo Dios, alrededor de Quien se mueve toda la historia.

Heaven, Peter Kreeft,
Ignatius Press, San Francisco, p. 80

El objeto de nuestro insaciable deseo es Dios, aunque no lo queramos reconocer. El alma vive en un perpetuo vacío. Luchamos para llenarlo con dinero, sexo, deporte, placer, poder, y fama. Pero el vacío persiste. La pobreza y la miseria nos llevan a pensar que si sólo llenáramos nuestro cofre con plata entonces conoceríamos la alegría y el gozo, escapando la congoja de ese persistente vacío. Pero aun ganando la lotería encontraríamos que la posesión de dinero —aun mucho dinero— no lo llenaría. También la capacidad humana para amar nos puede llevar en busca del placer sexual. Pero luego de una y otra —o numerosas conquistas— descubrimos que el vacio parece más profundo todavía. Quizás pensemos que como persona no se nos da un merecido reconocimiento. Allí debe de estar la plena satisfacción. Con motivo de ganarla nos obligamos a extremados sacrificios. Al fin lo logramos, sólo para descubrir que ni con fama ni con adulación podemos saciar ese algo interior que clama insistentemente por satisfacción.

Visitamos una cantina. De lejos oímos las risas, las voces y la música de los que aparentan saber vivir. Pero al acercarnos y mirar las caras, parecen todas desoladas. La risa que a la distancia parecía genuina ahora se oye hueca, y el hablar forzado y tedioso. Los que bailan se ven aburridos, cansados ya de esa rutina. El licor, o la droga, sumando al ambiente un estupor artificial, pareciera —junto con la incesante música estrepitosa— tapar la insensatez del placer forzado. Pero no lo logra. Parecen niños perdidos en un espeso bosque, gentes ni felices ni buenas, cuyas sombras crean sus propios fantasmas. ¿Gozo? ¿Alegría? ¡Jamás! Ese vacío profundo y atormentador persiste.

El trabajo, la comida, el vestir a la moda, el viajar, alguna afición o pasatiempo, aun todos los fascinantes entretenimientos de la tecnología moderna nos sirven para distraernos un rato. Pero cuando menos lo esperamos surge la pregunta omnipresente: ¿Es esto todo lo que significa la vida? La vida bajo el sol es toda *«vanidad de vanidades»* (Ec 1.9). Hay algo más, algo que en la ofuscante niebla de lo desconocido se nos escapa.

«Oh Dios, tú nos has creado para ti mismo, y nunca reposaremos hasta descansar en ti.» ¡Cuán exactas son estas palabras de San Agustín! Es por Dios quien nos creó que clama lo más íntimo del ser. Conocerlo, verlo, sentirlo, oírlo, contemplarlo es el deseo más profundo de todo aquel que nace de mujer. Dice Eclesiastés 3.11 que Dios *«ha puesto la eternidad en* [nuestros] *corazones»*. Una vez que hayamos identificado bien la causa de nuestra insatisfacción interna, será cuando el mismo Dios —y no cosas o experiencias— llegará a ser el objetivo de nuestra búsqueda.

Claro está que en esta vida terrenal —a causa de nuestra contaminación con el pecado— es imposible «ver» a Dios. *«No podrás ver mi rostro; porque no me verá hombre y vivirá»* (Éx 33.20). *«A Dios nadie le vio jamás»* (Jn 1.18). Moisés logró ver sus *«espaldas»* (Éx 33 y 34), Isaías su trono (Is 6), Ezequiel su gloria (Ez. 1.26-28), Juan su Hijo glorificado (Ap 1.9-20), Pablo su cielo (2 Co. 12.4). Pero Dios *«que habita en luz inaccesible»* se ha mantenido invisible. Textos como Hebreos 11.27; Jueces 6.22; 13.22, Éxodo 3.6; 24.9-11; y Números 12.8 muestran que el invisible Dios se dio a conocer parcialmente, y que el hombre puede tratar con Él y conocer sus atributos. Pero más que el privilegio de andar con él (Gn 5.24), hablar con Él como si fuera «cara a cara» (Núm 12.8), tener comunión con Él (Sal 25.14), o disfrutar de su amistad (Stg 2.23), desde el día en que Adán pecó, Dios no ha revelado su rostro a hombre alguno.

La promesa, sin embargo es: «*El Señor Jesucristo... a su tiempo mostrará el bienaventurado y solo Soberano, Rey de reyes, y Señor de señores, el único que tiene inmortalidad, que habita en luz inaccesible; a quien ninguno de los hombres ha visto ni puede ver, al cual sea la honra y el imperio sempiterno*» (1 Tim 6.15,16).

Allá, en ese día que nos espera, no habrá impedimento para que los redimidos conozcan a Dios con todas sus características, en toda su gloria. En aquel día el velo que ahora nos limita será quitado. «*Ahora vemos por espejo, en oscuridad; mas entonces veremos cara a cara*» (1 Co 13.12). A Dios, «*el que habita en luz inaccesible*», el que es tan glorioso que los serafines tienen que cubrir sus rostros ante su presencia, lo conoceremos en toda su magnificencia, majestad, grandeza, y gloria. De él seremos la esposa amada; y Él será nuestro amado por toda la eternidad. «*Cosas que ojo no vio, ni oído oyó, ni han subido en corazón de hombre, son las que Dios ha preparado para los que le aman*» (1 Co 2.9).

¿Por qué allá sí, y aquí en la tierra no? La visión beatífica está íntimamente ligada con la santificación. Nos dice Hebreos 12.14 que sin la santidad «*nadie verá a Dios*». San Juan afirma que «*todo aquel que tiene esta esperanza* [de ver a Dios] *se purifica a sí mismo, así como él es puro*» (1 Jn 3.3). El que ha vivido en pecado, indiferente a la vida que demanda Dios, los malvados, los que han rechazado al Salvador, jamás tendrán el gozo de ver el rostro de Dios. Su destino será más bien separación total y eterna de Dios; sufrirán en el «lago de fuego y azufre», donde estarán Satanás, la bestia, y el falso profeta, y allí «*serán atormentados día y noche por los siglos de los siglos*» (Ap 20. 10).

Dice el apóstol que en el cielo «*no habrá más maldición*» (Ap 22.3), ya que los redimidos han sido cambiados y transformados en «cuerpos espirituales» (1 Co 15.44). También el universo y la tierra han sido purificados por fuego, convertidos en los «*cielos nuevos y tierra nueva, en los cuales mora la justicia*» (2 P 3.10-13). Por lo tanto, dice el apóstol Juan, «*El trono de Dios y del Cordero estarán en ella, y sus siervos le servirán, y verán su rostro*» (Ap 22.3,4). Esto es lo que en verdad convierte al cielo en «el cielo»: ver su rostro; ininterrumpidamente ver su rostro; sin obstáculo ver su rostro. Estar con Dios, disfrutar para siempre de su bendita presencia, vivir a la luz de Aquel que tanto nos ha amado (y a quien nosotros amamos y adoramos con todo el corazón), esta es nuestra bendita esperanza.

Los que vivimos en esta esperanza ponemos gran énfasis en la pureza del corazón (Mt 5.8; Sal 73.1), en la búsqueda de la santificación (1 Jn 3.3, 6, 9), y en el servicio que rendimos a Dios (Ap 22.3,4). Sabemos que sin la santidad nadie verá a Dios (Heb 12.14). El hecho es que hay relación directa entre nuestra forma de vivir en la tierra —pureza, justicia, y servicio— y el acceso que tendremos en el cielo a la visión beatífica. Al saber que Dios, y únicamente Él, satisface el deseo más profundo del alma, perseguimos incansablemente ese blanco, esa promesa de que «*le veremos tal como él es*» (1 Jn 3.2). Nos unimos con San Pablo, diciendo: «*Olvidando ciertamente lo que queda atrás, y extendiéndome a lo que está delante, prosigo a la meta, al premio del supremo llamamiento de Dios en Cristo Jesús*» (Fil 3.13,14).

17

El reino
venidero

17

El reino
venidero

Muchos estudiantes de la Biblia usan la palabra reino casi
exclusivamente con referencia al reino milenial (Ap 20).
En este trabajo se usa el término en su sentido más amplio: *«el
gobierno eterno de Dios sobre todo y todos»* (2 P 1.11).

La Biblia comienza con la narración de un hombre soli-
tario en un jardín; termina con el relato de una multitud
innumerable descendiendo del cielo para habitar para siempre
con Cristo en el nuevo paraíso eterno. Refiriéndose a ese día,
el mismo Señor Jesús nos enseñó a orar: *«Venga tu reino»*
(Mt 6.10). Ahora que conocemos algo de cómo será el cielo,
esa petición llega a tener mucho más sentido.

En su sentido primario, la petición «venga tu reino» se
refiere a la esperanza del cielo nuevo y la tierra nueva, donde
tendremos *«el tabernáculo de Dios con los hombres»* (Ap
21.3), donde estará *«el trono de Dios y del Cordero»* (Ap
22.1), y donde los santos *«reinarán por los siglos de siglos»*
(Ap 22.5; 2 Tim 2.12), *«porque Dios el Señor los iluminará»*
(Ap 22.5).

Por supuesto, hay un sentido en que el «reino de Dios» se
da a conocer en esta tierra por todos los actos de providencia
divina con que controla cada suceso terrenal para la gloria de
su nombre (este es el sentido óptimo de Romanos 8.28, por
el cual sabemos que todas las cosas obran para bien). Además,
«el reino de Dios» comienza en cada corazón en el momento
de la regeneración. Pero de ninguna manera podemos limitar

esa petición a esta tierra. Su gran sentido y su cumplimiento tienen que ver con ese día venidero *«cuando* [Cristo] *entregue el reino al Dios y Padre, cuando haya suprimido todo dominio, toda autoridad y potencia»* (1 Co 15.24, 28). Es lo que San Pedro llama el *«reino eterno de nuestro Señor y Salvador Jesucristo»* (2 P 1.11).

Este reino eterno lleva a su culminación la segunda etapa de la vida de Cristo. La primera es su humillación (Jn 4.34; 5. 19,30; Fil 2.8; Heb 5.8). La segunda es su glorificación (Fil 2.9; Lc 24.26; 1 P 1.11; Heb 10.12). *«Porque Cristo para esto murió y resucitó, y volvió a vivir, para ser Señor así de los muertos como de los vivos»* (Ro 14.10).

No debemos hacer esta petición por motivos egoístas: buscando el cielo sólo porque allá no tendremos lágrimas, sino gozo, abundancia, paz, descanso, hogar preparado por Jesús, y coronas de acuerdo con nuestras obras. Hacemos esta petición, no porque pensemos en nosotros y nuestro bien sino porque la misma cumple los eternos propósitos de Dios. Sabemos que llegaremos al cielo no por nuestros méritos sino por todo lo hecho por Cristo; no porque seamos personas excepcionales ni porque le fuera imposible a Dios pasar la eternidad sin nosotros. ¡De ninguna manera! Más bien hacemos la petición maravillados de que Dios tomará a personas como nosotros (indignas, pecaminosas, llenas de faltas y debilidades) y las incluirá en sus eternos y gloriosos planes. Hacemos la petición con maravilla y suma humildad, sabiendo de corazón que no merecemos esa gloria que nos espera. Hacemos la petición reconociendo que al recibir la respuesta, nuestro bendito Salvador habrá cumplido a cabalidad el plan glorioso del Trino Dios para el hombre y para la tierra.

¿Cómo será ese reino?

Por un lado podemos describirlo diciendo que allí no habrá pecado, ni las consecuencias físicas, morales, ni sociales de la maldad que nos agobian tanto en este mundo (Ap

7.16,17; 21.4,27). Por el otro, ¡hay tanto que decir! Por ejemplo, estudiando textos como 1 Corintios 13.9–12; 15.45–49; 1 Juan 3.2 sabemos que en ese reino veremos nuestra naturaleza humana perfeccionada. Allí no habrá cojos, ni ciegos, ni lisiados, ni mucho menos personas con mal genio, celosas, llenas de envidia, etc. Todos literalmente seremos santos.

En la eternidad nuestras facultades intelectuales y morales gozarán de un pleno desarrollo. Imagínense hablar con los doce apóstoles, con los antiguos profetas, con Moisés, con los héroes nombrados en Hebreos 11. Imagínense consultar con los ángeles; llegar a saber los misterios científicos y matemáticos que ahora nos confunden. Imagínense no sólo aprender de los labios de Cristo sino allí estudiar teología, llegando a conocer al eterno Dios tal como es (Mt 5.8; 2 Co 3.18).

En la eternidad haremos cosas parecidas a las que hacemos aquí en la tierra: adoraremos (Ap 7.9–12), serviremos (Ap 22.3), reinaremos con Cristo (Ap 22.5). De acuerdo con nuestra fidelidad aquí en la tierra, tendremos responsabilidades administrativas sobre ciudades (Lc 19.17–19), gobernaremos a los ángeles (1 Co 6.3), disfrutaremos de comunión con otros santos (Mt 8.11; He 12.22,23), aprenderemos (1 Co 13. 12), y también descansaremos (Ap 14.11; 6.11).

Caben aquí las conclusiones que nos da el gran teólogo A.A. Hodge:

> Es necesario fijar límites a la idea que podamos tener respecto a la existencia futura de los santos. Esto deberá hacerse distinguiendo entre los elementos de la naturaleza del hombre y de sus relaciones con Dios y con otros hombres, que son esenciales y no sujetos a cambio, y aquellos que han de ser cambiados para perfección de su naturaleza y de sus relaciones.

> Para empezar, he aquí lo que debe ser cambiado: (1) quitar todo pecado y sus consecuencias; (2) los «cuerpos espirituales» deben tomar el lugar de nuestros cuerpos de carne y hueso; (3) el nuevo cielo y la nueva tierra deben tomar el

lugar del presente cielo y tierra como escenario de la vida humana; (4) las leyes orgánicas de la sociedad deberán sufrir cambio radical, ya que en el cielo no habrá matrimonios sino un orden social análogo al de los ángeles de Dios.

En segundo lugar, los siguientes elementos son esenciales y por lo tanto inalterables: 1. El hombre continuará existiendo para siempre como un compendio de dos naturalezas, espiritual y material. 2. El hombre es esencialmente intelectual y tendrá que existir a base de conocimiento. 3. Es esencialmente activo y deberá tener trabajo que hacer. 4. Como criatura finita, el hombre [aquí en la tierra] puede conocer a Dios sólo por mediación, esto es, por las obras de su creación y providencia, la experiencia de su gracia en nuestros corazones, y a través de su Hijo encarnado, quien es la imagen de su persona, y la plenitud de la Deidad corporalmente. Por lo tanto, en el cielo Dios continuará enseñando al hombre mediante sus obras, obrando en él motivando su voluntad por la vía de la mente. 5. La memoria del hombre jamás perderá la más mínima impresión, y será parte de la perfección del estado celestial con cada experiencia del pasado dentro del perfecto control de la voluntad. 6. El hombre es esencialmente un ser social. Esto, puesto en relación con el punto anterior, lleva a la conclusión de que las relaciones, así como la experiencia de nuestra vida terrenal, mantendrán todas sus consecuencias naturales en el nuevo modo de existencia, excepto en cuanto deban ser modificadas (no perdidas) por el cambio habido. 7. La vida del hombre es esencialmente un eterno progreso hacia la infinita perfección. Todas las analogías que se conocen de las obras de Dios en la creación, en su providencia en el mundo material y en el moral, y en su dispensación de gracia (1 Co 12.5–28), indican que los santos en el cielo se diferenciarán entre sí tanto en lo tocante a sus cualidades y capacidades inherentes como en lo relativo a rango y oficio. Estas diferencias serán sin duda determinadas (a) por diferencias constitucionales de la capacidad natural, (b) por premios de gracia en el cielo proporcionales a la índole y grado de los frutos de gracia del individuo en la tierra, y

(c) por la absoluta soberanía del Creador (Mateo 26.27; Romanos 2.6; 1 Corintios 12.4–28).[1]

Hermoso tema este de la eternidad. ¡Cuánto más pudiéramos añadir! El espacio no lo permite. Pero queda una sola pregunta: ¿Cómo te estás preparando tú para la llegada de ese día?

Dos marineros en una ocación conversaban mientras un remolcador arrastraba al puerto un barco que se había hundido. El tema giró alrededor del cielo, y uno dijo:

—Yo estaré feliz si entro al cielo aunque sea arrastrado por un remolque.

—¿Cómo? —respondió el compañero — ¿Ir al cielo arrastrado? Yo, de ninguna manera. Mi deseo es ir al cielo con las velas a todo trapo y mis banderas enarboladas.

¡Qué parecido a San Pablo es este segundo marinero! ¿A cuál de los dos te pareces?

El hombre y el mundo venidero

Para aquellos que deseen estudiar más ampliamente los temas de este capítulo recomendamos los siguientes libros:

* *Apocalipsis – Dramas de los siglos*, por Herbert Lockyer, Editorial Vida, Miami.
* *Apocalipsis*, por Leon Morris, Ed. Certeza, Downer's Grove.
* *El Apocalipsis de Juan*, por George E. Ladd, Edit. Caribe, Miami.
* *Enciclopedia de doctrinas bíblicas*, por Herbert Lockyer, LOGOI, Inc., Miami.
* *Más que vencedores*, por William Hendriksen, T.E.L.L., Grand Rapids.

---

1. A.A. Hodge, *Outlines of Theology*, Zondervan, p. 579

Guía para el estudio de

La persona que soy

Guía preparada por Alberto Samuel Valdés

y Les Thompson

Cómo establecer
un seminario
en su iglesia

Para sacar el mayor provecho del programa de estudios ofrecido por FLET, se recomienda que la iglesia nombre a un comité o a un Director de Educación Cristiana. Luego, se deberá escribir a Miami para solicitar el catálogo ofrecido gratuitamente por LOGOI / FLET.

El catálogo contiene:
1. La lista de los cursos ofrecidos, junto con programas y ofertas especiales,
2. La acreditación que FLET ofrece,
3. La manera de afiliarse a FLET para establecer un seminario en la iglesia.

Luego de estudiar el catálogo y el programa de estudios ofrecidos por FLET, el comité o el director podrá hacer sus recomendaciones al pastor y a los líderes de la iglesia para el establecimiento de un seminario o instituto bíblico acreditado por FLET en la iglesia.

LOGOI / FLET
14540 SW 136 Street, Nº 200
Miami, FL 33186
Teléfono: (305) 232-5880
Fax: (305) 232-3592

Cómo hacer el estudio

Cada libro describe el método de estudios ofrecido por esta institución. Siga cada paso con cuidado. Aunque una persona puede hacer el curso individualmente, sería más beneficioso si se uniera a otros de la iglesia que también deseen estudiar. Recomendamos que los estudiantes se dividan en pequeñas «peñas» o grupos de estudio compuestos de cinco a diez personas. Estas peñas han de reunirse una vez por semana en la iglesia bajo la supervisión del Director de Educación o de un facilitador para que juntos puedan cumplir con los requisitos de estudio (los detalles se encontrarán en las próximas páginas).

Cada grupo necesitará escoger un «facilitador» (guía o consejero) que seguirá el manual para las peñas que se encuentra a partir de la página 259. El concepto de este tipo de estudio es que el libro de texto sirve como «maestro», mientras que el facilitador sirve de coordinador que asegura que el trabajo se ha hecho correctamente. El grupo puede escoger su propio facilitador, o el pastor puede seleccionar a uno del grupo que cumpla con los requisitos necesarios para ser guía o consejero, o los estudiantes hacerlo por turno. Se espera que la iglesia tenga varios grupos de estudio y que el pastor sirva de facilitador de una de las peñas. Cuando el pastor se involucra su ejemplo anima a la congregación entera y él mismo se hace partícipe del proceso de aprendizaje.

El que realiza este programa podrá

1. Usar este texto con provecho, destreza, y confianza para la evangelización y el discipulado de otros.
2. Proveer explicaciones sencillas y prácticas de principios, verdades, y conceptos que son comunicados en este estudio.

3. Usar los pasos de nuestro método en el estudio de este libro y otros.

Para realizar este curso necesitará

1. Un ejemplar de la Biblia en el idioma castellano.
2. Un cuaderno para hacer apuntes (que usted debe adquirir) y hojas de papel para hacer dibujos.
3. Opcional: integrarse a un grupo de estudio (peña).

El plan de enseñanza LOGOI

El proceso educacional debe ser disfrutado, no tolerado. Por lo tanto no debe convertirse en un ejercicio forzado. A su vez, se debe establecer metas. Llene los siguientes espacios:

Anote su meta diaria: _____

Hora de estudio: _____

Día de la peña: _____

Lugar de la peña: _____

Opciones para realizar el curso

Este curso se puede realizar de tres maneras. El alumno puede escoger un plan intensivo. Completa sus estudios en un mes y entonces, si desea, puede rendir el examen final de FLET para recibir acreditación. Si desea hacer el curso a un paso más cómodo lo puede realizar en el espacio de dos meses (lo cual es el tiempo recomendado para aquellos que no tienen prisa). Al igual que en la primera opción, el alumno puede rendir un examen final para obtener crédito por el curso. Además, otra opción es hacer el estudio con el plan extendido, en el cual se completan los estudios y el examen final en tres meses. Las diversas opciones se conforman de la siguiente manera:

Plan intensivo: un mes (4 sesiones)   Fecha de reunión

Primera semana: *Lecciones 1-3*   _____

Segunda semana: *Lecciones 4-6*   _____

Tercera semana: *Lecciones 7-8* _____

Cuarta semana: *Examen final de FLET* _____

Plan regular: dos meses (8 sesiones)   Fecha de reunión

Primera semana: *Lección 1* _____

Segunda semana: *Lección 2* _____

Tercera semana: *Lección 3* _____

Cuarta semana: *Lección 4* _____

Quinta semana: *Lección 5* _____

Sexta semana: *Lección 6* _____

Séptima semana: *Lección 7* _____

Octava semana: *Lección 8* _____

Examen final _____

Plan extendido: tres meses (3 sesiones)   Fecha de reunión

Primer mes: *Lecciones 1-3* _____

Segundo mes: *Lecciones 4-6* _____

Tercer mes: *Lecciones 7-8 y examen final* _____

Cómo hacer la tarea de las lecciones*

Antes de cada reunión el estudiante debe:

1. Leer el capítulo (o los capítulos) por completo.
2. Responder las diez preguntas y desarrollar entre tres y cinco preguntas basadas en los capítulos tratados en la lección.
3. Utilizar los dibujos para aprender, recordar, y comunicar algunos puntos esenciales de la lección. El alumno debe mirar los dibujos que explican algunos de los con-

_____

*El estudiante debe haber completado toda la tarea de la lección 1 antes de la primera reunión.

ceptos del capítulo, leer la explicación que los acompañan, y entonces repetir los dibujos varias veces en una hoja de papel cualquiera hasta llegar a memorizar los conceptos.

4. La sección EXPRESIÓN trata con la pregunta de cómo comunicar los conceptos aprendidos a otros. Desarrolle ideas creativas para compartir los conceptos bíblicos con los talentos que Dios nos ha dado, por medio de nuestra personalidad única, y en el poder del Espíritu Santo. También debe hacer una lista de oración a fin de orar por creyentes y no creyentes, pidiendo que Dios provea oportunidades para ministrarles.

Cómo obtener un título acreditado por FLET

Para recibir acreditación de FLET, el alumno debe comunicarse de inmediato con nuestro representante autorizado en su país o con las oficinas de FLET en Miami, a la siguiente dirección:

Logoi, Inc.
14540 S.W. 136 Street Suite 200
Miami, FL 33186
Teléfono: (305) 232-5880
Fax: (305)232-3592

Además, debe cumplir con los siguientes requisitos:

1. Pagar un costo adicional para cubrir los gastos de acreditación ante las autoridades competentes.
2. Hacer tres de los proyectos adicionales que aparecen en la Guía del facilitador (pp. 275-305). El estudiante debe escribir un mínimo de cinco páginas como requisito para cada uno de los tres proyectos.
3. Leer 300 páginas adicionales (100 páginas por cada hora/crédito), en las áreas de teología tratadas en este curso: las doctrinas del hombre, el pecado, y la salvación. El estudiante puede seleccionar su lectura en

uno de los varios tomos sugeridos a continuación (u otros debidamente aprobados por el facilitador):

Fundamentos de la fe cristiana, Montgomery Boice, Logoi, Inc., Miami, FL, 1996.

Teología sistemática, L. Berkhof, T.E.L.L., Michigan, 1981.

Teología básica, Charles Ryrie, Unilit.

Teología sistemática, Lewis Sperry Chafer, Publicaciones Españolas, Wisconsin, 1986.

Confesión de fe de Westminster, W.V. Gritter y Donald W. Kaller, Libros Desafío, México, 1993.

Institución de la religión cristiana, J. Calvino, Nueva Creación, B.A., Argentina, 1967.

(Estas obras se consiguen en su librería cristiana más cercana.)

El alumno no está obligado a comprar esos tomos. Puede pedirlos prestados. Sin embargo, recomendamos que comience a desarrollar su propia biblioteca con éstos y otros libros más.

El estudiante puede reemplazar 100 páginas de lectura escuchando la serie de casetes: La persona que soy, por Emilio Nuñez; o mediante el video respectivo. O, puede ver La imagen quebrantada, por R.C. Sproul. Todos estos recursos puede adquirirlos en su librería favorita o pidiéndolos directamente a su representante de FLET, en su país, o a:

Logoi, Inc.
14540 S.W. 136 Street Suite 200
Miami, FL 33186
Teléfono: (305) 232-5880
Fax: (305)232-3592

4. Al enviar su examen a las oficinas de FLET, el alumno debe incluir un reporte detallado de su lectura indicando los libros leídos con sus respectivas referencias bibliográficas.

Capítulos 1–2

Escriba la respuesta y el número de la página donde la descubrió. En un segundo paso usted escribirá unas tres a diez preguntas propias. Por lo tanto, cuando le venga una pregunta nueva a la mente, ya sea basada en el material del capítulo o quizás en las mismas preguntas a continuación, escríbala en su cuaderno a fin de compartirla después con el grupo. Si está haciendo el curso sin ser miembro de un grupo o peña, trate de descubrir la respuesta a su pregunta con la ayuda del texto, con la Biblia, en otros libros de referencia, o consultando un maestro de la Biblia o su pastor. Sin embargo, antes de consultar los libros de referencia u otros maestros trate de resolver la cuestión reflexionando sobre el mismo texto bíblico. Escriba las posibles respuestas a su pregunta en su libreta para después compararlas con lo que dicen las otras fuentes que consultará.

Diez preguntas

(Consulte su texto para hallar las respuestas.)

1. ¿Cuáles son las siete características de los seres humanos tratadas en el texto?

2. ¿Qué pregunta es la más difícil para las teorías del origen del hombre que dejan a Dios fuera?

3. ¿Cuál concepto de la creación del hombre es el más lógico?

4. ¿Cómo se explica la religiosidad de toda la humanidad?

5. ¿Qué dice la Biblia acerca del valor y los roles del hombre y de la mujer?

6. ¿Qué representaban los árboles en el Edén?

7. ¿Quién y qué es el autor de toda maldad?

8. ¿Qué significa que Satanás es un ser creado?

9. De acuerdo al texto, ¿por qué comieron Adán y Eva del árbol prohibido?

10. ¿Qué aspectos de la muerte experimentaron Adán y Eva?

• Escriba entre tres y cinco preguntas propias, dando sus posibles respuestas

Dibujos explicativos

Estos dibujos o gráficos han sido diseñados a fin de proveerle una manera sencilla de organizar y memorizar cuatro puntos esenciales del capítulo. Tome una hoja de papel cualquiera y reproduzca los dibujos entre cinco y siete veces mientras piensa en el significado de cada cuadro. Entonces tome una hoja en blanco y reprodúzcalo de memoria junto con una breve explicación de su significado. Hemos provisto estas sencillas ilustraciones principalmente para aquellos que no saben dibujar bien. Si tiene talento para el dibujo (o deseos de dibujar) haga sus propios diseños a fin de memorizar los puntos principales del capítulo.

Gráficos de los puntos principales

• **Explicación:** El texto aclara que los hombres no son ni iguales a los animales ni que tampoco es un animal superior a los otros. Tanto los animales como los seres humanos son creados por Dios. Sin embargo, los animales no comparten el privilegio de ser creados como **imagen de Dios**. Esto no significa que los animales deben ser despre-

226

ciados y maltratados. Sencillamente quiere decir que existen diferencias sustanciales entre los dos. Nuestro capítulo nos da siete características que comparten los seres humanos. Una de ellas es que el hombre es un **ser espiritual** que necesita comunicarse con su Creador.

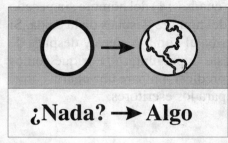

¿Nada? ➔ Algo

• **Explicación:** Las teorías que no cuentan con Dios para explicar la **existencia del hombre** tienen que enfrentarse con una pregunta funda- mental ¿Cómo puede sur- gir algo de la nada?

Cuando hacemos una evaluación honesta de los conceptos y las teorías diferentes vemos que la respuesta bíblica es la que tiene más **sentido** y **satisface** más. No tiene sentido que algo venga de la nada.

rol ≠ rol

• **Explicación:** El hombre y la mujer son **iguales** en valor delante de Dios, pero fueron creados con **roles dife- rentes**. De la misma manera que las tres personas de la Trinidad son iguales en valor (el Padre, el Hijo, y el

Espíritu Santo son Dios los tres) pero cumplen diferentes (aunque relacionadas y unidas) funciones, el hombre y la mujer tienen diferentes roles y el mismo valor.

• **Explicación:** Nues- tros primeros padres fueron **probados** en el huerto de Edén. Satanás

Tentación

Caída
Muerte

realizó la **tentación**, Eva comió del fruto prohibido y también Adán. Este primer pecado se llama la **«caída»** y resultó en **muerte**, es decir, **separación** de Dios.

EXPRESIÓN: Usando lo aprendido en esta lección, si tiene dones artísticos, dibuje dos cuadros: 1) del hombre sin pecado en el huerto de Edén, y 2) del hombre después de la caída. Si tiene dones de poeta, describa al hombre antes y después de su caída. Si escritor, conteste la pregunta: «¿Por qué somos como somos?» Si prefiere predicar, prepare una charla con el mismo título mencionado para los escritores.

Lección 2

Capítulos 3—5

Escriba la respuesta y el número de la página donde la descubrió. En un segundo paso usted escribirá unas tres a diez preguntas propias. Por lo tanto, cuando le venga una pregunta nueva a la mente, ya sea basada en el material del capítulo o quizás en las mismas preguntas a continuación, escríbala en su cuaderno a fin de compartirla después con el grupo. Si está haciendo el curso sin ser miembro de un grupo o peña, trate de descubrir la respuesta a su pregunta con la ayuda del texto, con la Biblia, en otros libros de referencia, o consultando un maestro de la Biblia o su pastor. Sin embargo, antes de consultar los libros de referencia u otros maestros trate de resolver la cuestión reflexionando sobre el mismo texto bíblico. Escriba las posibles respuestas a su pregunta en su libreta para después compararlas con lo que dicen las otras fuentes que consultará.

Diez preguntas

(Consulte su texto para hallar las respuestas.)

1. De acuerdo con las Escrituras, ¿para qué función fue destinado el hombre?

2. ¿En cuáles áreas vemos esa función para la cual el hombre fue destinado?

3. ¿Qué perspectivas da nuestro texto acerca de la imagen de Dios?

4. ¿En qué se distingue el hombre de Dios?

5. ¿En qué se parece el hombre a Dios?

6. ¿Cuál es nuestra tendencia natural con referencia al pecado?

7. Desde el punto de vista de Dios, ¿Qué es el pecado?

8. De acuerdo con Lutero, ¿Qué negamos en el proceso de la tentación y el pecado?

9. ¿Qué significa la palabra «gracia» en el contexto bíblico que dice que «Noé halló gracia ante los ojos de Dios?»

10. De acuerdo con el autor Thompson, ¿Qué grandes verdades descubrimos en los primeros once capítulos de Génesis?

• Escriba entre tres y cinco preguntas propias, dando sus posibles respuestas

Dibujos explicativos

Estos dibujos o gráficos han sido diseñados a fin de proveerle una manera sencilla de organizar y memorizar cuatro puntos esenciales del capítulo. Tome una hoja de papel cualquiera y reproduzca los dibujos entre cinco y siete veces mientras piensa en el significado de cada cuadro. Entonces tome una hoja en blanco y reprodúzcalo de memoria junto con una breve explicación de su significado. Hemos provisto estas sencillas ilustraciones principalmente para aquellos que no saben dibujar bien. Si tiene talento para el dibujo (o deseos de dibujar) haga sus propios diseños a fin de memorizar los puntos principales del capítulo.

Gráficos de los puntos principales

• **Explicación:** El hombre fue creado para ejercer **dominio** en el contexto de disfrutar la comunión con Dios y glorificarlo a Él. Esa función de ejercer dominio aun la vemos en el mundo natural, en la esfera política, en el desem-

peño del comercio, y en el hogar. Sin embargo, como el hombre cayó, sus esfuerzos por ejercer dominio ahora son obstaculizados por el orgullo, el egoísmo, y la independencia de Dios, lo cual caracteriza al pecado.

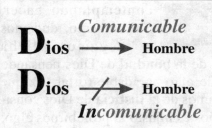

• **Explicación:** Los atributos de Dios, su **omnipotencia, omnisciencia, omnipresencia,** y **existencia inmutable** son perfecciones que ningún ser creado puede tener. Por lo tanto se clasifican en **incomunicables**, y señalan la **diferencia** entre Dios y el hombre. Sin embargo hay aspectos en los cuales los hombres son **semejantes** a Dios. La habilidad del intelecto racional, de la voluntad moral, y la capacidad para amar representan atributos comunicables que Dios puede dar a Sus criaturas y que por lo tanto comparten.

• **Explicación:** Si hiciéramos una lista de todos los pecados reportados en el mundo quedaríamos convencidos de la **universalidad del pecado.** Aunque a veces pen-

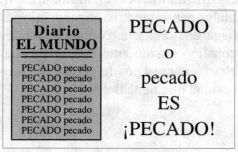

samos que nuestros **pecados pequeños** no pueden compararse con los **grandes pecados,** no significa que no hay pecados peores que otros pues sí los hay. Sin embargo **todo pecado** entristece a Dios y merece Su juicio. La Biblia dice: «*El alma que pecare, esa morirá*».

Palabra
Bondad
Justicia
¿?

DUDAS

• **Explicación:** Cuando somos **atraídos** por el pecado reconocemos que la **palabra de Dios** prohíbe lo que estamos contemplando hacer. Sin embargo, dudamos o negamos dicha palabra. También dudamos de la **bondad** de Dios pensando que Él nos está prohibiendo algo agradable (o tal vez que merecemos). Además, dudamos de la **justicia** de Dios considerando por un lado que Dios es injusto al prohibirnos algo; y por el otro lado, que no sufriremos las consecuencias de su justicia. Siempre y sin excepción estamos equivocados al dudar de Dios.

EXPRESIÓN: Haga un examen de su vida. Durante esta semana lleve consigo una pequeña libreta. Anote en esa libreta (con día y hora) cada pecado que cometa, indicando su clasificación: por ejemplo, mentira, orgullo, hipocresía, malos pensamientos, engaño, lujuria, etc. Al fin de la semana haga dos cosas: a. contarlos, y b. confesarlos. Sea honesto consigo mismo ante Dios. Apreciará, después de este ejercicio, cuánto Dios le perdona continuamente, y la gran necesidad que tiene del Salvador.

Lección 3

Capítulos 6–8

Escriba la respuesta y el número de la página donde la descubrió. En un segundo paso usted escribirá unas tres a diez preguntas propias. Por lo tanto, cuando le venga una pregunta nueva a la mente, ya sea basada en el material del capítulo o quizás en las mismas preguntas a continuación, escríbala en su cuaderno a fin de compartirla después con el grupo. Si está haciendo el curso sin ser miembro de un grupo o peña, trate de descubrir la respuesta a su pregunta con la ayuda del texto, con la Biblia, en otros libros de referencia, o consultando un maestro de la Biblia o su pastor. Sin embargo, antes de consultar los libros de referencia u otros maestros trate de resolver la cuestión reflexionando sobre el mismo texto bíblico. Escriba las posibles respuestas a su pregunta en su libreta para después compararlas con lo que dicen las otras fuentes que consultará.

Diez preguntas

(Consulte su texto para hallar las respuestas.)

1. ¿Qué tendencias señala el autor con referencia a lo que a veces hacemos cuando somos confrontados con nuestro propio pecado?

2. ¿Qué razones presenta el texto como respaldo para la advertencia en contra de vivir engañados por el pecado?

3. Escriba una síntesis de la definición del pecado ofrecida por Ryle.

4. Escriba una síntesis de la definición de Ryle para el pecado particular.

5. ¿Qué funciones de la ley de Dios presenta el pastor Steve Brown?

6. ¿Por qué dice el autor que la ley de Dios es necesaria?

7. ¿Puede la ley salvar ya sea por sí misma o en combinación con la fe en Cristo?

8. ¿A qué conclusiones llega el autor en conexión con nuestra ignorancia?

9. ¿Qué fuentes de autoridad señala el autor y qué peligro hay en escucharlas (en vez de prestar atención a la Escritura)?

10. ¿Qué realidades explican la batalla dentro del creyente?

• Escriba entre tres y cinco preguntas propias, dando sus posibles respuestas

Dibujos explicativos

Estos dibujos o gráficos han sido diseñados a fin de proveerle una manera sencilla de organizar y memorizar cuatro puntos esenciales del capítulo. Tome una hoja de papel cualquiera y reproduzca los dibujos entre cinco y siete veces mientras piensa en el significado de cada cuadro. Entonces tome una hoja en blanco y reprodúzcalo de memoria junto con una breve explicación de su significado. Hemos provisto estas sencillas ilustraciones principalmente para aquellos que no saben dibujar bien. Si tiene talento para el dibujo (o deseos de dibujar) haga sus propios diseños a fin de memorizar los puntos principales del capítulo.

Gráficos de los puntos principales

EVIT
APUNT
ARREGL
AR

• **Explicación:** A todos nos cuesta enfrentar la realidad del pecado en nuestras vidas. De hecho, los psicólogos han descubierto muchas maneras en las cuales los seres humanos tratan de esconder la realidad del pecado en sus vidas. Nuestro texto nos presenta tres reacciones erróneas frente al pecado 1. Evitar los textos bíblicos que tratan con el tema del pecado. 2. Apuntar a pecados peores que los nuestros. 3. Tratar de arreglar la comunidad y el mundo sin buscar remedio para nuestro propio mal.

• **Explicación:** El pecado afecta a todo ser humano sin importar edad, posición social, nacionalidad, o género. La única excepción a esta regla se encuentra en nuestro Señor Jesucristo. En Él encontramos la solución completamente perfecta y eficaz para el pecado.

• **Explicación:** Gálatas 3.21 dice: «*Si la ley dada pudiera vivificar, la justicia fuera verdaderamente por la ley*». Gálatas 2.21 afirma que «*Si por la ley fuese la justicia, entonces por demás murió Cristo*».

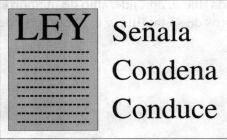

Además, Gálatas 3.24,25 nos instruye que «*La ley ha sido nuestro ayo, para llevarnos a Cristo, a fin de que fuésemos justificados por la fe. Pero venida la fe, ya no estamos bajo ayo*». Por lo tanto, la ley no nos salva sino que nos señala el pecado, nos condena, y nos lleva a Cristo ya que no queda ninguna otra solución para el gran y serio problema del pecado.

• **Explicación:** Los reformadores sacaron de nuevo a la luz esa clara verdad que se halla en toda la Biblia. La salvación

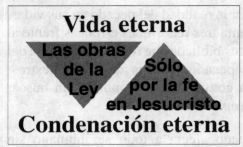

eterna se recibe «*sola fide*», es decir sólo por fe. Al instante que creemos que Jesús nos garantiza la vida eterna la poseemos. ¿Cómo puede Dios darnos vida eterna sin que hagamos obras para merecerla? Todos nacemos en pecado y hemos fracasado. Si la salvación fuese por obedecer la ley todos quedaríamos condenados para siempre. Pero Dios en su amor proveyó un Sustituto que murió en nuestro lugar: Jesús, el «Cordero de Dios» que pagó el precio y nos ofrece la vida eterna gratuitamente. ¿Ha creído en Él?

EXPRESIÓN: Esta clase será más útil si usted cumple durante toda la semana el mandato de Dt 6.1–3. Tome los Diez Mandamientos (Éx 20) o las nueve bienaventuranzas (Mt 5.1–12) y propóngase cada día: a. aprender uno de memoria, b. enseñarlo a los miembros de su familia, y c. obedecerlo de corazón.

Capítulo 9

Escriba la respuesta y el número de la página donde la descubrió. En un segundo paso usted escribirá unas tres a diez preguntas propias. Por lo tanto, cuando le venga una pregunta nueva a la mente, ya sea basada en el material del capítulo o quizás en las mismas preguntas a continuación, escríbala en su cuaderno a fin de compartirla después con el grupo. Si está haciendo el curso sin ser miembro de un grupo o peña, trate de descubrir la respuesta a su pregunta con la ayuda del texto, con la Biblia, en otros libros de referencia, o consultando un maestro de la Biblia o su pastor. Sin embargo, antes de consultar los libros de referencia u otros maestros trate de resolver la cuestión reflexionando sobre el mismo texto bíblico. Escriba las posibles respuestas a su pregunta en su libreta para después compararlas con lo que dicen las otras fuentes que consultará.

Diez preguntas

(Consulte su texto para hallar las respuestas.)

1. ¿Qué mentiras le dijo el diablo al cínico del relato en el texto?

2. ¿A qué se refiere el «protoevangelio»?

3. ¿Cuáles son las cuatro palabras clave que nos ayudan a comprender la gran gran obra de salvación hecha por Dios a nuestro favor?

4. ¿En qué contextos bíblicos aparece la realidad de la ira de Dios?

5. ¿Qué significa la palabra «antropomorfismo»?

6. ¿Cómo se define la propiciación?

7. ¿Qué es la redención?

8. ¿En qué consiste la justificación?

9. ¿Cómo se le responde a alguien que piensa que la justificación significa que ya uno no puede pecar ni tiene pecado?

10. ¿Cómo se define la reconciliación?

• Escriba entre tres y cinco preguntas propias, dando sus posibles respuestas.

Dibujos explicativos

Estos dibujos o gráficos han sido diseñados a fin de proveerle una manera sencilla de organizar y memorizar cuatro puntos esenciales del capítulo. Tome una hoja de papel cualquiera y reproduzca los dibujos entre cinco y siete veces mientras piensa en el significado de cada cuadro. Entonces tome una hoja en blanco y reprodúzcalo de memoria junto con una breve explicación de su significado. Hemos provisto estas sencillas ilustraciones principalmente para aquellos que no saben dibujar bien. Si tiene talento para el dibujo (o deseos de dibujar) haga sus propios diseños a fin de memorizar los puntos principales del capítulo.

Gráficos de los puntos principales

• **Explicación:** En el Antiguo Testamento aprendemos que una vez al año el sumo sacerdote traspasaba la cortina del Tabernáculo para entrar al lugar santísimo donde se hallaba el arca del pacto. La tapa del arca se llamaba el lugar de propiciación y el sumo sacerdote la rociaba en secreto con

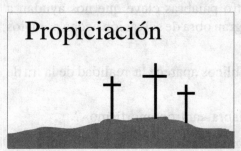

Propiciación

sangre en aquel día de expiación. Por otro lado, Jesucristo es el lugar de propiciación manifestado abiertamente. Él, con su sangre, pagó por nuestros pecados y satisfizo la justicia de Dios. Por esta razón Dios nos da vida eterna gratuitamente cuando creemos en Jesús. Su justicia ha sido satisfecha una vez para siempre por el único sacrifico de Su Hijo.

• **Explicación:** Jesús con su muerte compró nuestra redención de la esclavitud al pecado. Nos libertó al pagar el precio

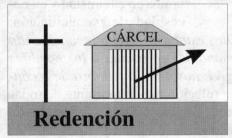

de nuestra redención con su propia sangre vertida una vez para siempre. Este es un precio que nunca podremos pagar: la sangre del Cordero precioso, santo de Dios, nuestro Señor Jesucristo. Fuimos comprados de la esclavitud al pecado para pertenecer a un nuevo amo. Es triste que aunque hemos sido liberados de la esclavitud del pecado muchas veces nos colocamos bajo su señorío cruel. Mejor vivir en obediencia a Aquel que nos amó y murió por nosotros.

• **Explicación:** El após-tol Pablo afirma en Ro-manos que *«al que obra no se le cuenta el salario como gracia, sino como deuda; mas al que no obra, sino cree en aquel que justifica al impío, su*

fe le es contada por justicia». La justificación es mucho más que el perdón. Dios le imputa su justicia al impío gratui-tamente por sólo creer. Al impío que carece de justicia propia, Dios le da su justicia al instante en que cree. No hay obra nuestra que merezca esto. La obra de Jesús en la cruz lo hizo posible.

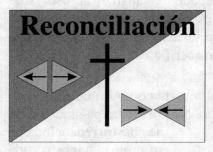

• **Explicación:** Antes de la obra de Jesucristo en la cruz a nuestro favor, estábamos en enemistad con Dios. En la vida a veces hallamos personas con las cuales estamos en enemistad y en necesidad de reconciliación. La Biblia nos dice que «*Dios estaba en Cristo reconciliando consigo al mundo, no tomándoles en cuenta a los hombres sus pecados, y nos encargó a nosotros la palabra de reconciliación*» (2 Cor 5.19). La relación más importante de todas es la que tenemos con Dios. Gracias a Dios y su provisión podemos disfrutar de la reconciliación con Él.

EXPRESIÓN: Tomando las palabras y los conceptos involucrados en ellas: a. Si le gusta dibujar, haga un dibujo de cada uno. b. Si es poeta, componga una poesía de cuatro a seis estrofas dando a conocer su sentido. c. Si es escritor, escriba una novelita de unas 2000 palabras que presente a un héroe fracasado que venció por lo menos tres grandes obstáculos para llegar a una reconciliación con Dios. d. Si es predicador, prepare un mensaje sobre este tema.

Capítulo 10

Escriba la respuesta y el número de la página donde la descubrió. En un segundo paso usted escribirá unas tres a diez preguntas propias. Por lo tanto, cuando le venga una pregunta nueva a la mente, ya sea basada en el material del capítulo o quizás en las mismas preguntas a continuación, escríbala en su cuaderno a fin de compartirla después con el grupo. Si está haciendo el curso sin ser miembro de un grupo o peña, trate de descubrir la respuesta a su pregunta con la ayuda del texto, con la Biblia, en otros libros de referencia, o consultando un maestro de la Biblia o su pastor. Sin embargo, antes de consultar los libros de referencia u otros maestros trate de resolver la cuestión reflexionando sobre el mismo texto bíblico. Escriba las posibles respuestas a su pregunta en su libreta para después compararlas con lo que dicen las otras fuentes que consultará.

Diez preguntas

(Consulte su texto para hallar las respuestas.)

1. ¿Qué significa para el creyente vivir según el Espíritu y según la carne?

2. ¿De quién viene el poder transformador que facilita que el creyente viva según el Espíritu?

3. ¿Cómo responde el autor al pensamiento de que uno puede tener a Cristo sin tener al Espíritu Santo?

4. ¿En qué sentidos podemos tomar el hecho de que el Espíritu Santo nos guía, y cuál es el correcto de acuerdo a nuestro autor?

5. ¿Qué relación existe entre el Espíritu Santo, la Biblia, y el creyente?

6. ¿Qué papel juega el estudio de la Biblia en la vida espiritual del creyente?

7. ¿De qué naturaleza es el camino que sigue el cristiano que aunque es hijo de Dios regenerado a la vez posee la herencia de Adán?

8. ¿Qué seguridad podemos tener en la lucha contra el pecado?

9. ¿Cuál es el requisito básico para la vida cristiana victoriosa?

10. ¿Qué factor adicional nos ayuda a vivir una vida espiritual victoriosa?

• Escriba entre tres y cinco preguntas propias, dando sus posibles respuestas.

Dibujos explicativos

Estos dibujos o gráficos han sido diseñados a fin de proveerle una manera sencilla de organizar y memorizar cuatro puntos esenciales del capítulo. Tome una hoja de papel cualquiera y reproduzca los dibujos entre cinco y siete veces mientras piensa en el significado de cada cuadro. Entonces tome una hoja en blanco y reprodúzcalo de memoria junto con una breve explicación de su significado. Hemos provisto estas sencillas ilustraciones principalmente para aquellos que no saben dibujar bien. Si tiene talento para el dibujo (o deseos de dibujar) haga sus propios diseños a fin de memorizar los puntos principales del capítulo.

Gráficos de los puntos principales

• **Explicación:** El que ha creído en Jesús para vida eterna nace de nuevo y esta «en Cristo» aunque retiene lo que Pablo llama la «*ley del pecado que está en mis miembros*» (Romanos

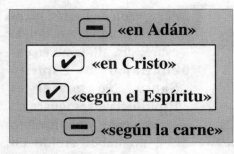

6.23). Ya que estamos «en Cristo» por haber creído en Él, Dios nos manda a que andemos según el Espíritu y no según la carne. Pablo nos afirma claramente *«Porque la ley del Espíritu de vida en Cristo Jesús me ha librado de la ley del pecado y de la muerte».* Esto no significa que el creyente nunca peca o fracasa, sino que ya ha sido liberado del poder del pecado a fin de obedecer a Dios. Ahora somos libres para vivir según el Espíritu. Eso es lo que Dios desea de nosotros.

• **Explicación:** El Espíritu Santo obra junto con las Escrituras a fin de que el creyente tenga poder para vivir conforme a los deseos de Dios y así agradarlo. El Espíritu Santo nos ayuda a comprender la Palabra de Dios y a aplicarla en

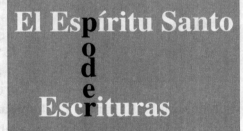

nuestras vidas. Sin Él la vida cristiana resulta imposible. Sin embargo, los creyentes a veces olvidan el papel del estudio de la Biblia para la vida victoriosa. Si ignoramos la revelación de Dios, y de su Palabra, cuyos autores fueron dirigidos por el Espíritu Santo, ¿cómo pensamos que vamos a progresar en nuestras vidas cristianas?

• **Explicación:** Existen diferentes puntos de vista acerca del ministerio del Espíritu Santo en la vida del creyente. Sin embargo, lo cierto es que todo cristiano tiene al Espíritu Santo dentro de sí. Pablo nos presenta una razón sencilla en su epístola a los Romanos cuando escribe: *«Y si alguno no tiene*

el *Espíritu de Cristo, no es de Él».* Por lo tanto, donde está Jesús, allí también encontramos al Espíritu Santo. No poseer el Espíritu Santo es igual a no ser creyente, y por lo tanto a no haber creído en Cristo. Todo cristiano tiene el Espíritu Santo, de modo que debe vivir en obediencia al SEÑOR. El creyente tiene libertad y poder en Cristo.

• **Explicación:** La vida cristiana representa una gran batalla

en la cual el creyente posee todo lo disponible para alcanzar victoria. Todos los recursos del creyente requieren de la fe. Si no se le cree a Dios y a su Palabra, la vida cristiana victoriosa resulta imposible. Entramos a la familia de Dios por fe cuando creímos en Jesús. Ahora seguimos adelante por fe. Pero ¿hacia dónde vamos? Tenemos como meta «serle agradables» a fin de demostrar amor a Dios y recibir las recompensas que le dará al creyente fiel.

EXPRESIÓN: Durante esta semana procure vivir cada día en el poder del Espíritu Santo. En su pequeña libreta anote cada vez que fue tentado, y la manera en que el Espíritu Santo le dio el poder para resistir. Además, apréndase Romanos 8.1–8. Puede escribir sus ocho versículos en una tarjeta para llevarlo consigo dondequiera que vaya, facilitando así su memorización.

RECORDATORIO

¿Ya han solicitado los exámenes para los que deseen acreditación en la peña? Si no se ha hecho, comuníquese inmediatamente con las oficinas de FLET en Miami para que el examen final les llegue a tiempo. Junto con los exámenes, FLET les enviará las explicaciones correspondientes acerca de la manera de rendir el examen.

Solicite su examen final a:

LOGOI / FLET
14540 SW 136 St., #200
Miami, FL 33186

o a los teléfonos:

305 - 2325880
FAX 305 -2323592

Lección 6

Capítulo 11

Escriba la respuesta y el número de la página donde la descubrió. En un segundo paso usted escribirá unas tres a diez preguntas propias. Por lo tanto, cuando le venga una pregunta nueva a la mente, ya sea basada en el material del capítulo o quizás en las mismas preguntas a continuación, escríbala en su cuaderno a fin de compartirla después con el grupo. Si está haciendo el curso sin ser miembro de un grupo o peña, trate de descubrir la respuesta a su pregunta con la ayuda del texto, con la Biblia, en otros libros de referencia, o consultando un maestro de la Biblia o su pastor. Sin embargo, antes de consultar los libros de referencia u otros maestros trate de resolver la cuestión reflexionando sobre el mismo texto bíblico. Escriba las posibles respuestas a su pregunta en su libreta para después compararlas con lo que dicen las otras fuentes que consultará.

Diez preguntas

(Consulte su texto para hallar las respuestas.)

1. ¿Qué debe ser examinada a fin que agrademos a Dios y qué relación tiene con los «moldes» de este mundo?

2. ¿Qué disposiciones esenciales caracterizaban a los «hombres de Isacar» y qué relevancia tiene esto para el creyente contemporáneo?

3. ¿Cómo se define la palabra «cosmovisión» y cómo se relaciona con la vida cristiana del creyente?

4. ¿Qué reto se le presenta al creyente cuando enfrenta lo que sucede alrededor?

5. Nombre las siete creencias descritas en el capítulo con una breve explicación de cada una.

6. ¿Quiénes son los apóstoles del existencialismo? Nombre cinco de sus conclusiones.

7. ¿Cómo respondemos a la evaluación del existencialismo que la califica como una filosofía «macho»?

8. ¿Qué contradicción lógica existe en el humanismo?

9. ¿Qué mandato bíblico pone en enfoque el «mandato» del humanismo contemporáneo?

10. ¿Qué pasos sugiere el autor a fin de que el creyente fije una correcta cosmovisión y que logre tener una mente renovada?

• Escriba entre tres y cinco preguntas propias, dando sus posibles respuestas

Dibujos explicativos

Estos dibujos o gráficos han sido diseñados a fin de proveerle una manera sencilla de organizar y memorizar cuatro puntos esenciales del capítulo. Tome una hoja de papel cualquiera y reproduzca los dibujos entre cinco y siete veces mientras piensa en el significado de cada cuadro. Entonces tome una hoja en blanco y reprodúzcalo de memoria junto con una breve explicación de su significado. Hemos provisto estas sencillas ilustraciones principalmente para aquellos que no saben dibujar bien. Si tiene talento para el dibujo (o deseos de dibujar) haga sus propios diseños a fin de memorizar los puntos principales del capítulo.

Gráficos de los puntos principales

• **Explicación:** Nuestra mente y pensamientos constan de facetas centrales en nuestro caminar cristiano. Existe una batalla entre el mundo y su manera de pensar, sus filosofías y

deseos y la forma en la que Dios quiere que pensemos. Este mundo presente quiere dictarle al cristiano cómo pensar, cómo vestir, en fin cómo vivir. A veces la presión para que nos ajustemos al mundo tal parece que nos vencerá. Pablo nos instruye «*No os conforméis a este siglo, sino transformaos por medio de la renovación de vuestro entendimiento, para que comprobéis cuál sea la buena voluntad de Dios, agradable y perfecta*» (Romanos 12.2). Si el SEÑOR nos instruye a hacer algo, lo podemos hacer, ya que somos personas nuevas habitadas por el Espíritu Santo. ¡Hagámoslo!

• **Explicación:** Todos tenemos y hemos desarrollado una «cosmovisión» por la cual interpretamos el mundo que nos rodea y todo lo que ocurre ya sea a otros o a nosotros mismos. La

cosmovisión también tiene implicaciones en cuanto a cómo pensamos acerca de Dios. Un ateo, un panteísta, un deísta, y un teísta, todos, tendrán diferentes maneras de pensar en Dios (o no creer en Él, como en el caso del ateísmo). Dios desea que nuestra cosmovisión sea transformada cada vez más hasta llegar a pensar y actuar de acuerdo a su Palabra.

• **Explicación:** El secularismo es una filosofía o religión que mide todo a la luz del presente y deja a Dios fuera. El secularismo toma varias formas: existencialismo, pragmatismo, humanismo, hedonismo, pluralismo, relativismo y muchos

otros «ismos». Estas filosofías rechazan el mundo venidero que la Biblia nos asegura llegará. El apóstol Juan afirmó: «*Y el mundo pasa, y sus deseos; pero el que hace la voluntad de Dios permanece para siempre*» (1 Juan 2.17).

• **Explicación:** A veces confundimos la separación del mundo con vivir aislados del mismo. El SEÑOR no nos instruyó a salir del mundo, sino a ministrar en él y glorificarlo a Él con nuestras buenas obras. Pablo les escribe a los corintios: «*Os he*

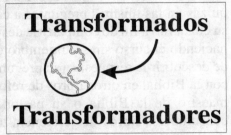

escrito por carta, que no os juntéis con los fornicarios; no absolutamente con los fornicarios de este mundo, o con los avaros, o con los ladrones, o con los idólatras; pues en tal caso sería necesario salir del mundo» (1 Corintios 5.9-10). Jesús oró así al Padre: «*No ruego que los quites del mundo, sino que los guardes del mal*» (Juan 17.15). Debemos, con la ayuda de Dios, ser personas transformadas y al mismo tiempo transformadores.

EXPRESIÓN: De nuevo, use su pequeña libreta. Observe lo que dice la gente a su alrededor, buscando evidencias de conceptos pluralistas, relativistas, humanistas, hedonistas, pragmatistas y existencialistas. Describa brevemente lo que ocurrió y cómo reaccionaron. Luego de cada una, indique la reacción correcta que resulta cuando uno sigue lo que enseña la Biblia.

Capítulos 12–14

Escriba la respuesta y el número de la página donde la descubrió. En un segundo paso usted escribirá unas tres a diez preguntas propias. Por lo tanto, cuando le venga una pregunta nueva a la mente, ya sea basada en el material del capítulo o quizás en las mismas preguntas a continuación, escríbala en su cuaderno a fin de compartirla después con el grupo. Si está haciendo el curso sin ser miembro de un grupo o peña, trate de descubrir la respuesta a su pregunta con la ayuda del texto, con la Biblia, en otros libros de referencia, o consultando un maestro de la Biblia o su pastor. Sin embargo, antes de consultar los libros de referencia u otros maestros trate de resolver la cuestión reflexionando sobre el mismo texto bíblico. Escriba las posibles respuestas a su pregunta en su libreta para después compararlas con lo que dicen las otras fuentes que consultará.

Diez preguntas

(Consulte su texto para hallar las respuestas.)

1. ¿Cuáles definiciones presenta nuestro texto para la palabra «mundo»?

2. ¿Qué reto enfrenta el cristiano que quiere tener todo en blanco y negro?

3. De acuerdo con nuestro autor, ¿a qué lleva rechazar de plano todo lo que procede del mundo porque no tiene origen evangélico, y qué otra forma de pensar está disponible al creyente?

4. De acuerdo con el texto, ¿de qué cosa son culpables las iglesias que sencillamente condenan todo sin enseñar al creyente cómo elegir entre lo bueno y lo malo?

5. ¿Qué principios nos provee el autor a fin de ayudar al creyente a relacionarse correctamente con el mundo?

6. ¿Con qué aspectos de nuestra vida cristiana actual está relacionada la muerte y resurrección de Cristo, y qué pasaje central trata el tema?

7. ¿Cuál es la clave en Romanos 6.1–14 sin la cual no podemos entender la victoria sobre el pecado?

8. ¿Qué consecuencias sencillas proceden de la realidad de la unión del creyente con Jesucristo?

9. ¿Cómo podemos recibir el beneficio de la unión con Jesucristo en nuestras vidas?

10. ¿Qué respuestas ofrece el autor a aquellos que dicen que los cristianos tenemos la mente muy enfocada en el cielo y no en la tierra?

• Escriba entre tres y cinco preguntas propias, dando sus posibles respuestas.

Dibujos explicativos

Estos dibujos o gráficos han sido diseñados a fin de proveerle una manera sencilla de organizar y memorizar cuatro puntos esenciales del capítulo. Tome una hoja de papel cualquiera y reproduzca los dibujos entre cinco y siete veces mientras piensa en el significado de cada cuadro. Entonces tome una hoja en blanco y reprodúzcalo de memoria junto con una breve explicación de su significado. Hemos provisto estas sencillas ilustraciones principalmente para aquellos que no saben dibujar bien. Si tiene talento para el dibujo (o deseos de dibujar) haga sus propios diseños a fin de memorizar los puntos principales del capítulo.

Gráficos de los puntos principales

• **Explicación:** Alguna confusión resulta cuando no comprendemos las diferentes maneras en las cuales la Biblia usa la palabra mundo, ya que no siempre se refiere a algo negativo. En griego, el 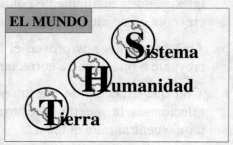 término es «*cosmos*» y se han descubierto tres significados básicos para la palabra (aunque hay otros)1. la tierra, el planeta en el cual vivimos; 2. la humanidad; y 3. Ese sistema de valores que se opone a todo lo que Dios es y desea. Comprender esta palabra nos ayuda a discernir qué relación desea Dios que tengamos con el ambiente en el cual vivimos. Por lo tanto, vale la pena hacer un estudio de cómo la Biblia usa la palabra «mundo», especialmente en los escritos del apóstol Juan.

• **Explicación:** Algunos de los retos en la vida cristiana  llegan cuando no tenemos una respuesta específica, en «blanco y negro», para cada situación. Pero hay algunas «grises» en que la Biblia no dice nada directamente. Sin embargo, las Escrituras sí nos proveen principios que podemos aplicar en las situaciones de nuestras vidas. Dios quiere que pensemos con sabiduría y discernimiento al aplicar dichos principios en nuestras vidas. La madurez espiritual está en poder discernir lo que Dios desea para nosotros basado en los principios provistos en la Biblia.

• **Explicación:** Cuando la Biblia habla de resurrección no siempre trata de que recibiremos un cuerpo glorificado cuando Jesús regrese. Por cierto, las Escrituras prometen la resurrección del cuerpo en el futuro. Sin embargo, también hablan de una presente «resurrección» del cuerpo pecaminoso. Aquí hallamos parte de la solución que el cristiano tiene disponible en la batalla contra el pecado. Al estar unidos con Jesús desde el instante que creímos en Él, somos partícipes de Su muerte y resurrección. Podemos vivir vidas santas cuando obedecemos la Palabra en el poder de resurrección provisto por el Espíritu Santo.

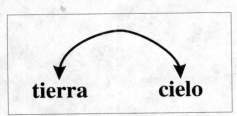

• **Explicación:** La Biblia instruye al creyente a vivir en este mundo presente con las miras puesta en el reino futuro. El considerar la vida venidera que la Biblia le promete al creyente fiel lo motiva a vivir en obediencia en el presente. Por lo tanto, no es cuestión de seleccionar el cielo y excluir al mundo actual de nuestros pensamientos. Al contrario, las realidades del mundo venidero ponen en perspectiva el presente y nos motivan, con la ayuda de Dios, a vivir en obediencia a Él y mejorar esta tierra lo más que podamos.

EXPRESIÓN: En esta semana nos toca distinguir entre lo malo y lo bueno en el mundo. Ante todo, memorice Filipenses 4.8. Anote en su pequeña libreta: a. Un programa secular que a su juicio cumpla con «lo verdadero», e indique sus razones para creerlo. b. Un periódico o revista secular que a su juicio sea honesto, y luego defiéndalo. c. Algún suceso ocurrido que cumpla «lo justo». d. Un programa secular de TV que sea «puro». e. Algo que vio en la calle que cabe dentro del parámetro de «lo amable». f. Algo en su vecindario que describa lo de «buen nombre».

Capítulos 15–17

Escriba la respuesta y el número de la página donde la descubrió. En un segundo paso usted escribirá unas tres a diez preguntas propias. Por lo tanto, cuando le venga una pregunta nueva a la mente, ya sea basada en el material del capítulo o quizás en las mismas preguntas a continuación, escríbala en su cuaderno a fin de compartirla después con el grupo. Si está haciendo el curso sin ser miembro de un grupo o peña, trate de descubrir la respuesta a su pregunta con la ayuda del texto, con la Biblia, en otros libros de referencia, o consultando un maestro de la Biblia o su pastor. Sin embargo, antes de consultar los libros de referencia u otros maestros trate de resolver la cuestión reflexionando sobre el mismo texto bíblico. Escriba las posibles respuestas a su pregunta en su libreta para después compararlas con lo que dicen las otras fuentes que consultará.

Diez preguntas

(Consulte su texto para hallar las respuestas.)

1. ¿Qué textos son básicos (en sus contextos apropiados) para comprender la enseñanza bíblica acerca del nuevo cielo y la nueva tierra?

2. ¿Qué razones sugiere el autor acerca de la importancia de estudiar las cosas futuras?

3. ¿Cómo compara nuestro texto la realidad descrita en el libro de Génesis con aquella que aparece en el Apocalipsis?

4. ¿Qué advertencias da el autor acerca de nuestro concepto del mundo venidero?

5. ¿Cuál es la esperanza más grande del creyente y qué significa la frase latina «*visio Dei*»?

6. ¿Cuál es el objeto de nuestro deseo insaciable y cómo lo expresó San Agustín?

7. En contraste, ¿cuál será el fin de aquellos que rechazan la vida eterna que Dios ofrece gratuitamente?

8. ¿Cuáles son las dos etapas generales de la vida de Cristo y qué relación tienen con el reino eterno?

9. ¿Cómo sabemos que llegaremos al cielo?

10. ¿Cuáles son algunas de las características de la vida venidera del creyente? [Escriba por lo menos siete.]

• Escriba entre tres y cinco preguntas propias, dando sus posibles respuestas.

Dibujos explicativos

Estos dibujos o gráficos han sido diseñados a fin de proveerle una manera sencilla de organizar y memorizar cuatro puntos esenciales del capítulo. Tome una hoja de papel cualquiera y reproduzca los dibujos entre cinco y siete veces mientras piensa en el significado de cada cuadro. Entonces tome una hoja en blanco y reprodúzcalo de memoria junto con una breve explicación de su significado. Hemos provisto estas sencillas ilustraciones principalmente para aquellos que no saben dibujar bien. Si tiene talento para el dibujo (o deseos de dibujar) haga sus propios diseños a fin de memorizar los puntos principales del capítulo.

Gráficos de los puntos principales

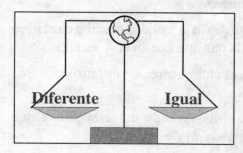

• **Explicación:** Nuestro texto nos da dos advertencias con referencia a nuestro pensar acerca del mundo venidero. Por un lado representa un error pensar que será precisamente como este mundo. Por el otro, no debemos pensar que será tan distinto a este que no tendrá ninguna relación con lo que ahora conocemos. El cuerpo glorificado del Señor Jesucristo, por ejemplo, tenía capacidad para comer, poseía carne y huesos, y se podía tocar. Por lo tanto debemos tener cuidado de no contradecir lo que dice la Blblia ni tampoco ir más allá de ella.

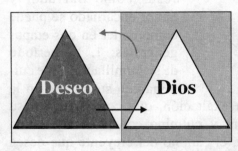

• **Explicación:** Todos sentimos alguna insatisfacción con el presente mundo ya sea como no creyentes o creyentes. Como explica nuestro autor: «El objeto de nuestro insaciable deseo es Dios, aunque no lo queramos reconocer». El vacío que el hombre trata de llenar con las cosas y actividades que el mundo ofrece jamás podrá llenar aquello que sólo Dios puede satisfacer. Por otro lado, aun los creyentes en Jesús pueden sentir insatisfacción con este mundo presente ya que anhelan el reino futuro donde veremos su rostro y las cosas viejas ya habrán pasado.

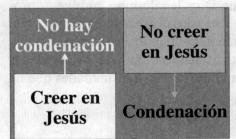

• **Explicación:** Hoy día algunos teólogos abogan que la Biblia no enseña el castigo eterno para los que rechazan el regalo gratuito de la vida eterna que Dios ofrece. Sin embargo, la enseñanza de la Biblia es que todos aquellos cuyos nombres no se hallen en el libro de la vida serán echados al lago de fuego. El apóstol Juan describe el destino del no creyente así: «*Y el que no se halló inscrito en el libro de la vida fue lanzado al lago de*

fuego» (Apocalipsis 20.15). Por otro lado, el mismo apostol nos da la promesa de Jesús: «*De cierto, de cierto os digo, el que oye mi palabra, y cree al que me envió, tiene vida eterna; y no vendrá a condenación, mas ha pasado de muerte a vida*» (Juan 5.24). ¡No debemos rechazar el regalo de la vida eterna!

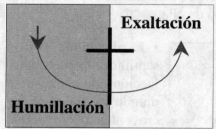

• **Explicación:** La vida de Jesús como Salvador y Señor encarnado se puede comprender en dos etapas generales: 1. El período de su humillación, que culmina con su muerte en la cruz. 2. La etapa de su exaltación, que comienza con su resurrección y ascensión, y culmina con su futuro reino eterno. Interesantemente, el camino del creyente que desea recompensa eterna tiene el mismo patrón de sufrimiento en la edad presente y exaltación con Jesucristo en la próxima. Jesús ya trazó el camino y nos ofrece su ayuda.

EXPRESIÓN: Para cumplir con esta sección el estudiante debe: 1) Hacer una lista de oracion que incluya: **a.** Personas a quienes desea comunicar las buenas nuevas de la salvación. **b.** Condiscípulos para que Dios les ilumine, motive, y proteja; **c.** El guía del grupo. Estas dos últimas categorías corresponden a aquellos que están participando en un grupo o peña. 2) Enumerar ideas creativas para comunicar las verdades bíblicas. 3) Dar gracias a Dios por las oportunidades que ha tenido.

Manual para el facilitador

Introducción

Este material ha sido preparado tanto para el uso individual como también para grupos o peñas guiados por un facilitador, el cual guía a un grupo de cinco a diez estudiantes a fin de que completen el curso de ocho lecciones. La tarea demandará esfuerzo de su parte, ya que, aunque el facilitador no es el instructor en sí (el libro de texto sirve de «maestro»), debe conocer bien el material, animar y dar aliento al grupo, y modelar la vida cristiana delante de los miembros de la peña. La recompensa del facilitador en parte vendrá del buen sentir que experimentará al ver que está contribuyendo al crecimiento de otros, del privilegio de entrenar a otros y del fruto que llegará por la evangelización. El facilitador también debe saber que el Señor lo recompensará ampliamente por su obra de amor.

A continuación encontramos las tres facetas principales del programa FLET: las lecciones, las reuniones y las expresiones.

LECCIONES   REUNIONES   EXPRESIONES

1. **Las lecciones:** Las lecciones representan el aspecto del programa del cual el alumno tiene plena responsabilidad. Sin embargo, aunque el estudiante es responsable de leer el capítulo indicado y responder las preguntas, también debe reconocer que necesitará la ayuda de Dios para sacar el mayor provecho de cada porción del texto. Usted como facilitador debe informar a los estudiantes que la calidad de la reunión será realzada o minimizada según la calidad del interés, esfuerzo y comunión con Dios que el alumno

tenga en su estudio personal. Se ofrecen las siguientes guías a fin de asegurar la alta calidad en las lecciones:

a. El alumno debe tratar (si fuese posible) de dedicar un tiempo para el estudio a la misma hora todos los días. Debe asegurar que todos los materiales que necesite estén a mano (Biblia, libro de texto, cuaderno, lápices o bolígrafos), que el lugar donde se realice la tarea tenga un ambiente que facilite el estudio con suficiente luz, espacio, tranquilidad y temperatura cómoda. Esto puede ayudar al alumno a desarrollar buenos hábitos de estudio.

b. El alumno debe proponerse la meta de completar una lección por semana (a no ser que esté realizando otro plan, ya sea más acelerado o más despacio, véanse las pp. 220 y 221).

c. El alumno debe repasar lo que haya aprendido de alguna manera sistemática. Un plan posible es repasar el material al segundo día de haberlo estudiado, luego el quinto día, el décimo, el vigésimo y el trigésimo.

2. **Las reuniones:** En las reuniones o peñas los estudiantes comparten sus respuestas, sus dudas y sus experiencias educacionales. Para que la reunión sea grata, de provecho e interesante se sugiere lo siguiente:

a. La reunión debe tener entre cinco y diez participantes: La experiencia ha mostrado que el número ideal de alumnos está entre cinco y diez. Esta cantidad asegura que se compartan suficientes ideas para que la reunión sea interesante como también que haya suficiente oportunidad para que todos puedan expresarse y contribuir a la dinámica de la reunión. También ayuda a que el facilitador no tenga muchos problemas al guiar a los participantes en una discusión franca y espontánea, pero también ordenada.

b. Las reuniones deben ser semanales: El grupo o peña debe reunirse una vez a la semana. Las reuniones deben ser bien organizadas a fin de que los alumnos no pierdan su tiempo. Para lograr esto las reuniones deben comenzar y concluir a tiempo. Los estudiantes pueden quedarse más rato si así lo desean, pero la reunión en sí debe observar ciertos límites predeterminados. De esta manera los estudiantes no sentirán que el facilitador no los respeta a ellos y su tiempo. (Véanse las páginas 220 y 221 para otras opciones.)

c. Las reuniones requieren la participación de todos. Esto significa no solo que los alumnos no deben faltar a ninguna reunión, sino también que todos participen en la discusión cuando asistan. El cuerpo de Cristo, la Iglesia, consiste de muchos miembros que se deben ayudar mutuamente. La reunión o peña debe proveer un contexto idóneo para que los participantes compartan sus ideas en un contexto amoroso, donde todos deseen descubrir la verdad, edificarse y conocer mejor a Dios. Usted como facilitador debe comunicar el gran valor de cada miembro y de su contribución particular al grupo.

3. **Las expresiones:** Esta faceta del proceso tiene que ver con la comunicación creativa, relevante, y eficaz del material que se aprende. La meta no es sencillamente llenar a los estudiantes de conocimientos, sino prepararlos para utilizar el material tanto para la edificación de creyentes como también para la evangelización de los no creyentes. Es cierto que no todo el material es «evangelístico» en sí, pero a veces se tocan varios temas durante el proceso de la evangelización o del seguimiento y estos conocimientos tal vez ayuden a abrir una puerta para el evangelio

o aun mantenerla abierta. Las siguientes consideraciones servirán para guiar la comunicación de los conceptos:

a. La comunicación debe ser creativa: La clave de esta sección es permitir que los alumnos usen sus propios talentos de manera creativa. No todos tendrán ni la habilidad ni el deseo de predicar desde un púlpito. Pero tal vez algunos tengan talentos para escribir poesías, canciones, o coritos o hacer dibujos o pinturas que comuniquen las verdades que han aprendido. Otros quizás tengan habilidades teatrales que pueden usar para desarrollar dramatizaciones que comuniquen principios cristianos de manera eficaz, educativa y entretenida. Y aun otros pueden servir de maestros, pastores o facilitadores para otros grupos o peñas. No le imponga límites a las diversas maneras en las cuales se puede comunicar la verdad de Dios.

b. La comunicación debe ser clara: Las peñas proveen un contexto idóneo para practicar la comunicación de las verdades cristianas. En este ambiente caracterizado por el amor, el aliento y la dirección se pueden hacer «dramatizaciones» en las cuales alguien puede hacer «preguntas difíciles» y otro u otros pueden tratar de responder como si fuera una situación real. Después los otros en la peña pueden evaluar tanto las respuestas que se dieron como también la forma en la cual se desenvolvió el proceso y el resultado. La evaluación puede tomar en cuenta aspectos como la apariencia, el manejo del material, y el carácter o disposición con que fue comunicado.

Se puede hacer una dramatización, algo humorística, donde un cristiano con buenas intenciones, pero no muy «presentable», trata de comunicarse con un no cristiano bien vestido, perfumado y limpio. Después, la clase puede participar en una discusión amigable acerca del papel de la apariencia en la evangelización.

c. La comunicación debe reflejar el carácter cristiano. Usted como facilitador debe modelar algunas de las características cristianas que debemos reflejar cuando hablemos con otros acerca de Jesucristo y la fe cristiana. Por ejemplo, la paciencia, la humildad y el dominio propio deben ser evidentes en nuestras conversaciones. Debemos también estar conscientes de que dependemos de Dios para que nos ayude a hablar con otros de manera eficaz. Sobre todo, debemos comunicar el amor de Dios. A veces nuestra forma de actuar con los no cristianos comunica menos amor que lo que ellos reciben de sus amistades que no son cristianas. Las peñas proveen un contexto amigable, eficaz y sincero para evaluar, practicar y discutir estas cosas.

Cada parte del proceso detallado arriba contribuye a la que le sigue, de manera que la calidad del proceso de la enseñanza depende del esfuerzo realizado en cada paso. Si la calidad de la lección es alta, esto ayudará a asegurar una excelente experiencia en la reunión, ya que todos los estudiantes vendrán preparados, habiendo hecho buen uso de su tiempo personal. De la misma manera, si la reunión se desenvuelve de manera organizada y creativa, facilitará la excelencia en las expresiones, es decir, las oportunidades que tendremos fuera de las reuniones para compartir las verdades de Dios. Por lo tanto, necesitaremos la ayuda de Dios en todo el proceso a fin de que recibamos el mayor provecho posible del programa.

Instrucciones específicas

Antes de la reunión: *Preparación*

A. Oración: expresión de nuestra dependencia de Dios

1. Ore por sí mismo

2. Ore por los estudiantes

3. Ore por los que serán alcanzados y tocados por los alumnos

B. Reconocimiento

1. Reconozca su identidad en Cristo (Romanos 6–8)

2. Reconozca su responsabilidad como maestro o facilitador (Santiago 3.1-17)

3. Reconozca su disposición como siervo (Marcos 10.45; 2 Corintios 12.14-21)

C. Preparación

1. Estudie la porción del alumno sin mirar la guía para el facilitador, es decir, como si usted fuese uno de los estudiantes.

   a. Tome nota de los aspectos difíciles, así se anticipará a las preguntas.

   b. Tome nota de las ilustraciones o métodos que le vengan a la mente mientras lee.

   c. Tome nota de los aspectos que le sean difíciles a fin de investigar más usando otros recursos.

2. Estudie este manual para el facilitador.

3. Reúna otros materiales, ya sea para ilustraciones, aclaraciones, o para proveer diferentes puntos de vista a los del texto.

Durante la reunión: *Participación*

Recuerde que el programa FLET sirve no sólo para desarrollar a aquellos que están bajo su cuidado como facilitador, sino también para edificar, entrenar y desarrollarlo a usted mismo. La reunión consiste de un aspecto clave en el desarrollo de todos los participantes, debido a las dinámicas de la reunión. En la peña varias personalidades interactuarán, tanto la una con la otra, como también con Dios. Habrá personalidades diferentes en el grupo y, junto con esto, la posibilidad para el conflicto. No le tenga temor a esto. Parte del «*curriculum*» será el desarrollo del amor cristiano.

Tal vez Dios quiera desarrollar en usted la habilidad de resolver conflictos entre hermanos en la fe. De cualquier modo, nuestra norma para solucionar los problemas es la palabra inerrante de Dios. Su propia madurez, su capacidad e inteligencia iluminada por las Escrituras y el Espíritu Santo lo ayudarán a mantener un ambiente de armonía. Si es así, se cumplen los requisitos del curso y, lo más importante, los deseos de Dios. Como facilitador, debe estar consciente de las siguientes consideraciones:

A. El tiempo u horario

1. La reunión debe ser siempre el mismo día, a la misma hora, y en el mismo lugar cada semana, ya que esto evitará confusión. El facilitador siempre debe tratar de llegar con media hora de anticipación para asegurarse de que todo esté preparado para la reunión y para resolver cualquier situación inesperada.

2. El facilitador debe estar consciente de que el enemigo a veces tratará de interrumpir las reuniones o traer confusión. Tenga mucho cuidado con cancelar reuniones o cambiar horarios. Comunique a los participantes en la peña la responsabilidad que tiene el uno hacia el otro. Esto no significa que nunca se debe cambiar una reunión bajo ninguna circunstancia. Más bien quiere decir que se tenga cuidado y que no se hagan cambios innecesarios a cuenta de personas que por una u otra razón no pueden llegar a la reunión citada.

3. El facilitador debe completar el curso en las ocho semanas indicadas (o de acuerdo al plan de las otras opciones.)

B. El lugar

1. El facilitador debe asegurarse de que el lugar para la reunión estará disponible durante las ocho semanas del curso. También deberá tener todas las llaves u otros recursos necesarios para utilizar el local.

2. El lugar debe ser limpio, tranquilo y tener buena ventilación, suficiente luz, temperatura agradable y suficiente espacio a fin de poder sacarle buen provecho y facilitar el proceso educativo.

3. El sitio debe tener el mobiliario adecuado para el aprendizaje: una mesa, sillas cómodas, una pizarra para tiza o marcadores que se puedan borrar. Si no hay mesa, los estudiantes deben sentarse en un círculo a fin de que todos puedan verse y escucharse el uno al otro. El lugar entero debe contribuir a una postura dispuesta para el aprendizaje. El sitio debe motivar al alumno a trabajar, compartir, cooperar y ayudar en el proceso educativo.

C. La interacción entre los participantes

1. Reconocimiento:
   a. Saber el nombre (y apodo) de todos.
   b. Saber los datos sencillos: familia, trabajo, nacionalidad.
   c. Saber algo interesante de ellos: comida favorita, etc.

2. Respeto para todos:
   a. Se debe establecer una regla en la reunión: Una persona habla a la vez y todos los otros escuchan.
   b. No burlarse de los que se equivocan ni humillarlos.
   c. Entender, reflexionar y/o pedir aclaración antes de responder lo que otros dicen.

3. Participación de todos:

a. El facilitador debe permitir que los alumnos respondan sin interrumpirlos. Debe dar suficiente tiempo para que los estudiantes reflexionen y compartan sus respuestas.

b. El facilitador debe ayudar a los alumnos a pensar, a hacer preguntas y a responder, en lugar de dar todas las respuestas él mismo.

c. La participación de todos no significa necesariamente que todos los alumnos tienen que hablar en cada sesión (ni que tengan que hablar desde el principio, es decir, desde la primera reunión), más bien quiere decir, que antes de llegar a la última lección todos los alumnos deben sentirse cómodos al hablar, participar y responder sin temor a ser ridiculizados.

Después de la reunión: *Evaluación y oración*

A. Evaluación de la reunión y la oración:

1. ¿Estuvo bien organizada la reunión?

2. ¿Fue provechosa la reunión?

3. ¿Hubo buen ambiente durante la reunión?

4. ¿Qué peticiones específicas ayudarían a mejorar la reunión?

B. Evaluación de los alumnos:

1. En cuanto a los alumnos extrovertidos y seguros de sí mismos: ¿Se les permitió que participaran sin perjudicar a los más tímidos?

2. En cuanto a los alumnos tímidos: ¿Se les animó a fin de que participaran más?

3. En cuanto a los alumnos aburridos o desinteresados: ¿Se tomó especial nota a fin de descubrir cómo despertar en ellos el interés en la clase?

C. Evaluación del facilitador y la oración:

1. ¿Estuvo bien preparado el facilitador?

2. ¿Enseñó la clase con buena disposición?

3. ¿Se preocupó por todos y fue justo con ellos?

4. ¿Qué peticiones específicas debe hacer al Señor a fin de que la próxima reunión sea aún mejor?

Ayudas adicionales

1. **Saludos:** Para establecer un ambiente amistoso caracterizado por el amor fraternal cristiano debemos saludarnos calurosamente en el Señor. Aunque la reunión consiste de una actividad más bien académica, no debe carecer del amor cristiano. Por lo tanto, debemos cumplir con el mandato de saludar a otros, como se encuentra en la mayoría de las epístolas del Nuevo Testamento. Por ejemplo, 3 Juan concluye con las palabras: «La paz sea contigo. Los amigos te saludan. Saluda tú a los amigos, a cada uno en particular». El saludar provee una manera sencilla, pero importante, de cumplir con los principios de autoridad de la Biblia.

2. **Oración:** La oración le comunica a Dios que estamos dependiendo de Él para iluminar nuestro entendimiento, calmar nuestras ansiedades y protegernos del maligno. El enemigo intentará interrumpir nuestras reuniones por medio de la confusión, la división y los estorbos. Es importante reconocer nuestra posición victoriosa en Cristo y seguir adelante. El amor cristiano y la oración sincera ayudarán a crear el ambiente idóneo para la educación cristiana.

3. **Creatividad:** El facilitador debe hacer el esfuerzo de emplear la creatividad que Dios le ha dado tanto para presentar la lección como también para mantener el interés durante la clase entera. Su ejemplo animará a

los estudiantes a esforzarse en comunicar la verdad de Dios de manera interesante. El Evangelio de Marcos reporta lo siguiente acerca de Juan el Bautista: «*Porque Herodes temía a Juan, sabiendo que era varón justo y santo, y le guardaba a salvo; y oyéndole, se quedaba muy perplejo, pero le escuchaba de buena gana*» (Marcos 6.20). Y acerca de Jesús dice: «*Y gran multitud del pueblo le oía de buena gana*» (Marcos 12.37b). Notamos que las personas escuchaban «de buena gana». Nosotros debemos esforzarnos para lograr lo mismo con la ayuda de Dios. Se ha dicho que es un pecado aburrir a las personas con la palabra de Dios. Hemos provisto algunas ideas que se podrán usar tanto para presentar las lecciones como para proveer proyectos adicionales de provecho para los estudiantes. Usted puede modificar las ideas o crear las suyas propias. Pídale ayuda a nuestro Padre bondadoso, todopoderoso y creativo a fin de que lo ayude a crear lecciones animadas, gratas e interesantes.

Conclusión

El beneficio de este estudio dependerá de usted y de su esfuerzo, interés y dependencia de Dios. Si el curso resulta una experiencia grata, educativa y edificadora para los estudiantes, ellos querrán hacer otros cursos y progresar aún más en su vida cristiana. Que así sea con la ayuda de Dios.

Estructura de la reunión

1. Dé la bienvenida a los alumnos que vienen a la reunión.

2. Ore para que el Señor calme las ansiedades, abra el entendimiento, y se manifieste en las vidas de los estudiantes y el facilitador.

3. Pídales a los alumnos que tomen una hoja de papel y reproduzcan de memoria los dibujos de la lección. Los estudiantes también deben dar una explicación coherente del mismo, pero no necesariamente exacta a la que proveemos en el libro. El alumno recibirá 10 puntos por cada dibujo y 10 puntos por cada explicación. Normalmente habrá cuatro dibujos y explicaciones por lección. Para completar los cien puntos, el alumno debe escribir ya sea dos ideas que se le hayan ocurrido para la porción que se llama **EXPRESIÓN**, o dos de sus preguntas propias del texto junto con sus respuestas (10 puntos por cada una). Coloque el puntaje en la página 307.

4. Presente la lección (puede utilizar las sugerencias provistas en este manual).

5. Comparta con los alumnos algunas de las preguntas de la lección junto con las respuestas. No es necesario cubrir todas las preguntas. Más bien pueden hablar acerca de las preguntas que le dieron más dificultad, que fueron de mayor edificación, o que expresan algún concepto con el cual están en desacuerdo.

6. El facilitador y los estudiantes pueden compartir entre una y tres ideas que se les hayan ocurrido para la sección **EXPRESIÓN** y comunicar de manera eficaz algunos de los conceptos, verdades y principios de la lección.

7. El facilitador reta a los estudiantes a completar las metas para la próxima reunión. Además. comparte algunas ideas para proyectos adicionales que los alumnos puedan decidir hacer. (Utilice las sugerencias provistas.)

8. La peña o el grupo termina la reunión con una oración y salen de nuevo al mundo para ser testigos del Señor.

Calificaciones

Véase la página 307: *Hoja de calificaciones*. Allí debe poner la lista de los que componen la peña o grupo de estudio. Cada bloque pequeño representa una reunión. Allí debe poner el puntaje que el alumno sacó, de acuerdo con la manera en que respondió o en que hizo su trabajo. La mejor calificación equivale a 100 puntos. Menos de 60 equivale al fracaso.

PROGRAMA DE SEGUNDO AÑO

Ampliamos los conocimientos bíblicos y prácticos

TP 201 APOLOGÉTICA CRISTIANA
Norman Geisler y Ron Brooks

¿Cómo defender la fe cristiana ante este mundo hostil? Este curso enseña al estudiante a analizar la falsedad de muchos argumentos anticristianos, con respuestas objetivas basadas en la Palabra de Dios.

3 horas crédito

MI 203 EVANGELISMO PERSONAL
Alberto Valdés

¿Cómo alcanzar a los perdidos? Este curso extrae muchos principios evangelizadores adecuados a las necesidades de hoy. El estudiante preparará un manual de evangelismo personal mientras practica y estudia estos ejemplos.

3 horas crédito

TE 201 LA DOCTRINA DEL HOMBRE
La persona que soy,
Les Thompson

Un análisis práctico sobre *antropología* bíblica, que enfatiza la creación del hombre a semejanza de Dios; *hamartiología*, que estudia los efectos del pecado y la caída del hombre; y *soteriología*, que enfoca la obra salvadora de Jesucristo.

3 horas crédito

BI 201 ROMANOS
Alberto Valdés

Un estudio detallado de la epístola de San Pablo a los Romanos. Este curso provee las pautas necesarias para que el estudiante escriba su propio comentario en vez de escoger uno de cualquier autor. El participante aprenderá a aplicar las reglas de interpretación bíblica a la vez que prepara estudios para instruir a la iglesia.

3 horas crédito

MI 201 EVANGELISMO URBANO
La comunidad en que vivo,
Salvador Dellutri

Introducción a la responsabilidad cristiana de compartir la fe en la comunidad. Enfoca ampliamente las características de la comunidad en nuestros tiempos, tratando las condiciones imperantes, los desafíos y cómo enfrentarlos. El estudiante elaborará una estrategia para la evangelización de su comunidad. Requiere trabajo de campo en la evangelización.

3 horas crédito

TP 201 LA FAMILIA CRISTIANA
Alberto Roldán

Un examen de la doctrina bíblica sobre el matrimonio y la familia. A la luz de la Biblia, el estudiante evalúa las funciones de cada cónyuge, las relaciones interpersonales, las actitudes de los padres en relación con el hogar, la iglesia.

3 horas crédito

MI 203 HACIENDO DISCÍPULOS
Billy Graham Center

En este curso el estudiante aprenderá por qué es importante discipular al nuevo creyente, cómo confirmarle en su nueva fe, y cómo integrarlo al programa de la iglesia. Un estudio excelente para comprender y aplicar el mandamiento de Jesús de «hacer discípulos». El curso fue desarrollado por el Instituto de Evangelismo, Billy Graham.

3 horas crédito

Lección 1

Sugerencias para comenzar la clase

1. Comience la sesión pidiendo a los alumnos que nombren algunas diferencias entre los seres humanos y los animales. (Nota: Se debe reconocer que al igual que los seres humanos, los animales tienen «alma» o «vida».) Después de un breve tiempo de discusión y de compartir ideas, introduzca el tema de la sesión.

2. Introduzca el tema preguntando a los alumnos: ¿Es cierto que los hombres nacen buenos y sólo aprenden a ser malos por los ejemplos equivocados de la sociedad? Los alumnos deben tener un tiempo brevem pero animado, para discutir la cuestión. Despues del intercambio de ideas, comience la sesión.

3. Presente la sesión con la siguiente pregunta: ¿Cuáles son las diferencias entre los hombres y las mujeres? Los alumnos pueden tratar con las aspectos de la igualdad, función en la sociedad y en el hogar, inferioridad y superioridad, inteligencia, fortaleza, y otras facetas. Comience la clase después de que varios hayan dado su opinión.

Comprobación de las preguntas

1. Nuestro texto menciona siete características. Fuimos hechos...

seres naturales
seres espirituales
seres materiales
seres prácticos
seres racionales
seres morales
seres sociales

2. ¿Cómo puede algo venir de nada?

3. La más lógica, la que menos problemas produce, y la que más satisface es la bíblica.

4. La idea de que hay un Dios es innata en los seres humanos. Por lo tanto la religiosidad de la humanidad se encuentra en todos los lugares en este mundo. El hombre es un ser religioso porque tiene un origen divino. No es que el hombre inventó la religión para explicar lo inexplicable, sino que al ser creado por Dios intuitivamente necesita comunicarse con su Creador.

5. La mujer no es inferior al hombre, pero sí tiene un papel diferente al del hombre. Diferente no significa inferior.

6. Los dos árboles hablan de responsabilidad y del honor que se debe al Creador que da vida, y tiene derecho de pedir lealtad y obediencia. A su vez, también son símbolos de autonomía y responsabilidad. Son evidencia de que Dios nos da libre albedrío.

7. Satanás es el autor de toda maldad. Satanás es un ser creado, un ángel poderoso que se rebeló contra Dios.

8. El hecho de haber sido creado indica la limitación de su poder. Él no es todopoderoso ni eterno, ni está al mismo nivel del Trino Dios.

9. Infidelidad, rebeldía, y orgullo.

10. Ojos abiertos, conciencia de su desnudez, vestidos de hojas, huida de Dios, temor, la disculpa del hombre, la excusa de la mujer.

Sugerencias para proyectos adicionales

1. El alumno puede hacer una encuesta informal que incluya estas tres preguntas: ¿Por qué hay tanta maldad en el mundo? ¿Qué piensa usted que sea la solución para el mal en el mundo? ¿Dónde comenzó el mal? El estudiante debe hacer la encuesta con unas siete a diez personas. Después puede compartir los resultados con los miembros de su

peña. (**Nota:** El alumno también debe estar consciente de que estas preguntas pueden abrir las puertas a una presentación del evangelio.)

2. El estudiante puede hacer una encuesta informal con la siguiente pregunta: En su opinión, ¿cuál es la diferencia principal entre los hombres y las mujeres? El alumno debe mantener un archivo de las respuestas de los hombres y la de las mujeres a quienes les hace la pregunta. Además, no se debe restringir a solo una edad. La encuesta se debe hacer entre 15 y 20 personas de diferentes edades. En otra sesión se puede presentar los resultados a los otros estudiantes.

3. El alumno debe hacer una investigación de uno de los siguientes temas:

   Las mujeres en el Antiguo Testamento. En esta tarea el estudiante debe hacer un breve estudio de todas las mujeres en el Antiguo Testamento tomando en cuenta estas tres categorías su nombre, su carácter, y sus acciones. La meta no es tratar de ver cosas en la Biblia que no aparecen allí, sino anotar lo que allí está escrito. Después de haber hecho el estudio, el alumno puede hacer un reporte de sus descubrimientos a los otros estudiantes.

   Los reyes Saúl, David, y Salomón. Las instrucciones para esta categoría son iguales que las que se encuentran en la categoría anterior.

   La enseñanza acerca de los niños y los jóvenes en el Antiguo Testamento. Esta tarea abarca buscar lo que el Antiguo Testamento les dice a los hijos en particular y a los niños y jóvenes en general (incluye a los niños nombrados específicamente, como Samuel, por ejemplo). El alumno debe escribir en un cuaderno lo que ha descubierto.

4. Un proyecto original desarrollado por el alumno, el guía o facilitador, o ambos.

Lección 2

Sugerencias para comenzar la clase

1. Pida a la clase que hagan un análisis de una tentación. Entre los aspectos que se deben tratar están las condiciones «favorables» para la tentación, el proceso de «atracción», las consecuencias, y los requisitos para vencerla. Después de una discusión animada y edificadora introduzca los temas de la sesión.

2. Instruya a los participantes para que opinen acerca de la siguiente pregunta: ¿Es cierto que a los ojos de Dios todos los pecados son iguales? Guíe la clase a fin de que no lleguen a conclusiones superficiales. Cuando varios hayan contribuido a la discusión comience la sesión.

3. Discutan por un breve tiempo los pasos que tomamos después de pecar. Los alumnos deben considerar tanto las respuestas correctas y debidas como también las comunes y las erróneas.

4. Desarrolle su creatividad para comenzar y presentar la lección.

Comprobación de las preguntas

1. El hombre fue destinado para ejercer dominio.

2. En la política, en el comercio, en el hogar, y en la naturaleza.

3. a. La imagen se entiende en términos de capacidad moral.
   b. La imagen se entiende en términos de dominio y representación.
   c. La imagen se entiende en términos de virtud moral.
   d. La imagen se entiende en términos de personalidad.

4. Lo que distingue al hombre es que él es criatura mientras que Dios es Creador. Esto se ve también cuando notamos los atributos incomunicables de Dios:

Su omnipotencia

Su omnisciencia

Su omnipresencia

Su inmutable existencia

5. El humano se parece en los atributos comunicables:

capacidad intelectual (seres racionales)

libertad moral (seres volitivos)

habilidad para amar (seres personales)

sentimientos (seres emotivos)

6. Nuestra tendencia natural es protegernos de culpabilidad y buscar a otro que lleve la condena.

7. Desde el punto de vista de Dios cualquier cosa que quebranta una de sus leyes se puede calificar de pecado.

8. Dudamos de la Palabra de Dios, de su bondad y de su justicia. Si negamos lo que Dios dice y lo que es con nuestra desobediencia, sufrimos las consecuencias.

9. Noé halló favor inmerecido delante de Dios. Es decir, Noé no ganó la misericordia de Dios con alguna obediencia, sino que Dios se la dio gratuitamente.

10. a. Todo descendiente de Adán es pecador; y

b. Ningún pecador puede escapar de su Creador.

[**Nota:** Se comprende que aunque Jesucristo desciende de Adán, no es pecador ya que es Dios encarnado y como persona divina no tiene pecado.]

Sugerencias para proyectos adicionales

1. El alumno puede hacer un estudio detallado del tercer capítulo de Génesis. En un cuaderno puede escribir lo que descubre en las siguientes categorías:

Los personajes (incluyendo a Dios)

Las circunstancias
Los lugares
Las consecuencias
El juicio de Dios
La gracia de Dios
Lo que dicen los personajes (incluyendo a Dios)
Después de haber estudiado detenidamente la información bajo dichas categorías, el alumno debe escribir varios principios que puede aplicar en su vida espiritual. En alguna ocasión puede presentar los resultados de su estudio a los otros alumnos.

2. El estudiante puede hacer un estudio profundo de Génesis 3.15 y su significado. Cuando haya realizado su estudio puede presentárselo a los otros estudiantes.

3. El alumno puede estudiar cómo es que el pecado y la gracia de Dios se desarrollan en el libro de Génesis. Los resultados deben ser presentados en forma de gráfica o ilustración que el estudiante puede presentar en una reunión subsiguiente.

4. Un proyecto original desarrollado por el alumno, el guía o facilitador, o ambos.

Lección 3

Sugerencias para comenzar la clase

1. Pida a la clase que opinen acerca de la siguiente cuestión: ¿Por qué piensan tantas personas (tal vez aun en las iglesias) que pueden ser salvos, ya sea por sus buenas obras o por una mezcla de fe y obras? Después de una discusión animada y edificadora introduzca los temas de la sesión.

2. Comience la sesión con una lectura de Génesis 3.6–13. Pida a los alumnos que opinen acerca de las maneras erróneas en las cuales intentamos tratar con nuestro pecado. Los estudiantes deben incluir la forma en la cual Adán y Eva se comportaron después de haber pecado. Los que deseen pueden compartir cómo es que ellos equivocadamente tratan (o han tratado en el pasado) de enfrentar la realidad del pecado. También se puede señalar formas correctas de tratar con el pecado. Cuando varios alumnos hayan contribuido con su opinión del tema, prosigan al próximo paso de la lección.

3. Comience la lección pidiendo que los alumnos opinen acerca de las siguientes cuatro observaciones en cuanto al pecado que aparecen en nuestro texto. Discutan el tema hasta llegar a descubrir en qué puntos están en acuerdo o desacuerdo los estudiantes. Después de unos minutos de discusión avivada sigan adelante con el resto de la lección.

4. Desarrolle su creatividad para comenzar y presentar la lección.

Comprobación de las preguntas

1. El autor señala tres tendencias: a. evitar los textos bíblicos que tratan con el tema del pecado; b. apuntar a pecados peores que los nuestros; y c. tratar de arreglar la comuni-

dad y el mundo sin buscar remedio para nuestro propio mal.

2. a. Dios nos ha dado un remedio perfecto y completo para vencer el pecado.

   b. Ignorar la presencia y el poder del pecado es permitir que este enemigo gane ventaja sobre nosotros.

3. El pecado es esa dañina enfermedad moral que afecta a toda la raza humana, todos nacidos de mujer, sin miras a ninguna otra calificación, con la excepción de Jesucristo.

4. El pecado particular es cualquier acto personal que no está en perfecta armonía y conformidad con la ley de Dios. Hace referencia a los pecados particulares de los hombres que se hallan en la condición general de pecaminosidad. Es decir, son los actos particulares que demuestran y surgen de la pecaminosidad general.

5. Steve Brown sugiere cuatro funciones para la ley: a. Nos despierta a la necesidad de Cristo. b. Nos apunta a Cristo. c. Nos muestra la mejor manera de vivir, ya que nos revela al mundo tal como es en realidad. d. Nos mide para que sepamos cómo estamos en nuestro andar espiritual.

6. Nuestro autor afirma que la ley es necesaria para saber qué es pecado ante los ojos de Dios.

7. La salvación no viene por obedecer la ley, ni tampoco por una combinación de obediencia a la ley y fe en Jesucristo. Al contrario, la salvación eterna es sólo por creer que Jesucristo nos la da gratuitamente. Su obra redentora hizo todo lo necesario para conseguir nuestra salvación. Ningún esfuerzo nuestro puede agregar en lo mínimo a la obra perfecta de nuestro Señor Jesucristo.

8. a. Creemos lo que queremos creer aun si tenemos que torcer la verdad.

   b. La mayoría de las personas no se dan cuenta de sus distorsiones de la verdad y de los conceptos erróneos que creen.

c. No nos damos cuenta de nuestro propio pecado hasta que es públicamente denunciado.

d. El pecado es una realidad en nuestras vidas pero lo vemos a través de nuestros propios prejuicios y conciencia.

9. El autor menciona dos fuentes rivales: a. la sociedad o la opinión pública; y b. la opinión personal de alguna fuente religiosa, ya sea desde un púlpito o por medio de alguna publicación. Sólo la Biblia es autoritativa y no las demás fuentes. Una agrupación de personas (no importa cuán grande sea) no puede determinar lo bueno y lo malo. Además, a veces en el cristianismo se inventan pecados y se colocan cargas sobre las personas que Dios nunca se propuso.

10. La batalla que el creyente experimenta se debe a que es una nueva criatura regenerada por Dios pero que a la vez sigue siendo en su carne hijo de Adán. Por lo tanto, resulta un conflicto entre el hombre interior y la ley del pecado en la carne, lo que explica el deseo para pecar que sienten los creyentes.

Sugerencias para proyectos adicionales

1. El alumno puede hacer un estudio personal acerca de las maneras equivocadas en las cuales se comporta cuando es confrontado por su propio pecado. Después de un tiempo de autoreflexión, debe leer 1 Juan 1.5—2.2 para descubrir la manera correcta de enfrentar el pecado personal.

2. El estudiante puede memorizar los siguientes pasajes de la Biblia a fin de que sirvan para su propia edificación como también para utilizarlos en la evangelización. Como parte del proyecto, el alumno debe meditar tranquilamente en estos textos, con corazón y mente abiertos al Señor. Ya que son textos conocidos es fácil pensar que ya sabemos todo lo que tienen que enseñarnos. Los textos son los siguientes: Juan 3.16–18; Juan 5.24–25; Juan 11.25–27;

Romanos 3.20–26; Romanos 4.1–8; Gálatas 2.21; Efesios 2.8–10; y Apocalipsis 21.6.

3. El alumno puede hacer un estudio de Romanos 5.8. Esto significa que debe utilizar los principios de cómo estudiar la Biblia: observación, interpretación, y aplicación (véase *Cómo estudiar e interpretar la Biblia*, páginas 119–131, 138-142). El estudiante debe descubrir principios que le ayuden en su propia batalla en contra del pecado como también aprender más acerca de su posición en Cristo y lo que significa.

4. Un proyecto original desarrollado por el alumno, el guía o facilitador, o ambos.

Sugerencias para comenzar la clase

1. Al principio de la clase lea Juan 5.24,25 en voz alta: «*De cierto, de cierto os digo: El que oye mi palabra, y cree al que me envió, tiene vida eterna; y no vendrá a condenación, mas ha pasado de muerte a vida. De cierto, de cierto os digo: Viene la hora, y ahora es, cuando los muertos oirán la voz del Hijo de Dios; y los que la oyeren vivirán*». Entonces pida a los alumnos que hagan varias observaciones acerca del pasaje. ¿Quién está hablando? ¿Qué les promete Jesús a los que creen? ¿Cuándo se reciben los beneficios de los cuales habla Jesús? ¿En el futuro? ¿Ahora? Después de unos minutos de interacción, introduzca el tema de la lección diciendo algo como lo siguiente: «Hoy trataremos el tema de lo que hizo Jesús en la cruz a fin de poder ofrecernos la vida eterna gratuitamente».

2. Comience la lección con la siguiente observación: «Si la salvación eterna fuera basada en nuestras buenas obras (aun en lo mínimo), ¿qué implicaciones tendría esto para lo que hizo Jesucristo al morir en una cruz?» Permita que varios alumnos presenten su opinión. Después de algunos minutos, diga algo como lo siguiente: «Si así fuera, tendríamos por lo menos tres serias consecuencias:

a. Estaríamos diciendo que la obra de Jesucristo en la cruz no fue perfecta y a la vez acusaríamos a Dios de fracasar (lo cual es imposible).

b. Nadie podría tener certeza de la salvación ya que la perfección es inalcanzable (pero en la Biblia Jesús garantizó vida eterna a todos los que creyeron en Él).

c. No habría necesidad de fe ya que tendríamos que trabajar para poder entrar en el cielo (pero la fe no es una obra meritoria como muestra Romanos 4.5 cuando dice «mas al que no obra, sino cree en Aquel que justifica al impío, su fe le es contada por justicia»). En la lección de hoy veremos lo que Jesucristo hizo en la cruz por nosotros y por qué la vida eterna es en realidad algo que Dios da gratuitamente a los que creen en Jesús.

3. Comience la lección con una lectura de la historia de los abuelos de nuestro autor Les Thompson, que se encuentra en las páginas 112 y 113. Pida a los alumnos que respondan a la historia. Después de unos minutos introduzca el tema de la lección y prosigan al próximo paso.

4. Desarrolle su creatividad para comenzar y presentar la lección.

Comprobación de las preguntas

1. El diablo le dijo al cínico las siguientes mentiras: a. Que él (es decir, el cínico) era perfecto; b. que él tenía sus derechos; y c. que debería hacer todo lo que quisiera. El resultado de creerle al diablo fue que el hombre se convirtió en la persona más amargada y miserable del mundo.

2. El «protoevangelio» se refiere a la promesa de redención que se halla en Génesis 3.15. Allí leemos lo siguiente: «*Y pondré enemistad entre ti y la mujer, y entre tu simiente y la simiente suya; ésta te herirá en la cabeza, y tú le herirás en el calcañar*». La promesa es, en parte, que el Mesías un día acabaría con Satanás. Ya que esta representa la primera promesa explícita de redención en la Biblia, se le llama así.

3. Las cuatro palabras que nos ayudan a comprender la salvación gratuita que Dios nos da al creer son las siguientes: propiciación; redención; justificación, y reconciliación.

4. La ira de Dios aparece en contextos que hablan de desobediencia. La ira de Dios por lo tanto es Su respuesta a la desobediencia. La culminación de la ira de Dios se halla

en Apocalipsis 15 con las siete últimas copas de las calamidades temporales.

5. Antropomorfismo es una figura literaria en la cual se le atribuyen características humanas a Dios a fin de explicar lo que de otra manera las personas no entenderían acerca de Dios.

6. La propiciación es el acto por el cual Jesucristo pagó el precio que la justicia de Dios demanda por el pecado.

7. La redención significa la liberación a causa del pago de un precio. Los pecadores son liberados del pecado a base del pago que hizo Jesucristo en la cruz.

8. La justificación es cuando Dios declara al pecador justo imputándole Su justicia al pecador. Dios no sólo perdona al pecador que cree en Jesús sino que también le da Su justicia gratuitamente.

9. Dios declara a cualquiera y todos los que creen en Jesús para vida eterna justificados a base de Su obra en la cruz a nuestro favor. Sin embargo, esta declaración no nos convierte en personas perfectas. *Legalmente* somos perfectos ante Dios. En la práctica todavía luchamos contra la carne.

10. La reconciliación significa que ya no hay enemistad entre nosotros y Dios. Dios ha hecho la reconciliación una realidad a base de la obra de Jesucristo en la cruz.

Sugerencias para proyectos adicionales

1. El alumno puede hacer un estudio de los siguientes textos en sus contextos apropiados y con la ayuda de sanos principios de interpretación (véase *Cómo estudiar e interpretar la Biblia*, páginas 119-131, 138-142): Romanos 3.25; 1 Juan 2.2; 4.10 los cuales tratan de la propiciación.

2. El estudiante puede analizar los siguientes textos en sus contextos apropiados y con la ayuda de sanos principios

de interpretación (véase *Cómo estudiar e interpretar la Biblia*, páginas 119-131, 138-142): Romanos 5.10–11; 11.15; 2 Corintios 5.19; Efesios 2.16 y Colosenses 1.20 que tratan con la reconciliación.

3. El alumno puede realizar un estudio de los siguientes textos en sus contextos apropiados y con la ayuda de sanos principios de interpretación (véase *Cómo estudiar e interpretar la Biblia*, páginas 119-131, 138-142): Hechos 13.39; Romanos 3.20-30; 4.1–8; 5.1,9,10; 1 Corintios 6.11; y Romanos 3.24; 8.23; 1 Corintios 1.30; Gálatas 3.13–14; 4.5; Efesios 1.7,14; 4.30; 1 Pedro 1.18,19 y 2 Pedro 2.1 que tratan respectivamente con la justificación y la redención.

4. Un proyecto original desarrollado por el alumno, el guía o facilitador, o ambos.

Lección 5

Sugerencias para comenzar la clase

1. Al principio de la clase seleccione a un voluntario para que lea Romanos 7.13–25 en voz alta. Pida que varios alumnos opinen acerca de la experiencia de Pablo y que compartan en qué se identifican con él. Después de unos minutos de intercambio animado, prosigan con el resto de la lección.

2. Comience la lección con una discusión del siguiente tema: ¿Por qué a veces perdemos el ánimo en la vida cristiana y qué soluciones hay para el problema? Discutan por un tiempo dando oportunidad para que varios hagan sugerencias y compartan sus experiencias. Después de sugerir algunas ayudas y respuestas relevantes y provechosas, pasen al próximo paso de la lección.

3. Declare lo siguiente: «El autor de nuestro texto afirma que si un hijo de Dios no estudia la Palabra de Dios, difícilmente podrá el Espíritu aplicarla a esas áreas pecaminosas que cada día nos azotan». Luego pida a los alumnos que opinen al respecto. Traten el tema por unos minutos y entonces introdúzcalo.

4. Desarrolle su creatividad para comenzar y presentar la lección.

Comprobación de las preguntas

1. Para el creyente, vivir según la carne significa seguir las tendencias pecaminosas que heredamos de Adán. Vivir según el Espíritu es obedecer a Dios, de «manera que podamos agradar a Dios». Significa vivir «como un hijo transformado por Dios».

2. El poder transformador eficaz para vivir la vida cristiana viene del Espíritu Santo. Sin Él la vida cristiana resultaría imposible.

3. El autor señala que Romanos 8.9 afirma que «si alguno no tiene el Espíritu de Cristo, no es de Él». Por lo tanto, es imposible ser de Cristo y no tener al Espíritu Santo. Donde está el uno, está el otro.

4. Al pensar que el Espíritu Santo nos guía, algunos piensan que significa que el Espíritu nos «va dictando a dónde ir, con quién conversar» y otras cosas semejantes. Nuestro autor dice que es el Espíritu Santo quien nos guía en una vida de obediencia a lo que Dios quiere. Tiene que ver con la conducta que evita el pecado y hace la justicia.

5. El Espíritu Santo obra junto con las Escrituras en que nos ayuda a comprender y aplicar la Biblia a nuestro vivir diario. Por la Biblia, Él nos enseña la voluntad de Dios, lo que es correcto y lo que no.

6. Si el cristiano no estudia la Palabra de Dios, ¿cómo nos ayudará el Espíritu Santo a aplicarla en las áreas de nuestra vida que necesitan ayuda? Para que el Espíritu Santo nos ayude a comprender y aplicar debemos tener algo con que hacerlo, es decir la mismísima Palabra de Dios.

[**Nota:** No debemos olvidar que fue el mismo Espíritu Santo que guió a los autores de la Biblia. Por lo tanto, ignorar la Escritura es igual a no hacerle caso a lo que el Espíritu Santo desea que sepamos acerca del Padre y del Hijo, de este mundo y del reino venidero, de nosotros, nuestra posición y recursos como creyentes.]

7. El autor subraya la importancia de reconocer que nuestro camino es uno de batalla, una lucha que no se acabará por completo hasta la muerte [o la venida del Señor].

8. En la batalla contra la carne tenemos la seguridad de la presencia de Dios en nosotros. El Espíritu «*nos ayuda en nuestra debilidad*» (Romanos 8.26a).

9. La fe es el requisito básico para un exitoso caminar triunfante con Dios. La fe en Dios es básica en la obten-

ción de todos los recursos necesarios para vencer el pecado en nuestras vidas.

10. Tener una meta espiritual nos ayuda a mantenernos en victoria. Por lo tanto, debemos poner la mirada en la recompensa que Dios le dará a todo creyente fiel. Por cierto, Dios nos justificó gratuitamente cuando creímos en Cristo y por lo tanto poseemos vida eterna. Pero debemos saber que Dios recompensará de manera especial a aquellos cristianos que viven fieles a Él.

Sugerencias para proyectos adicionales

1. El alumno puede hacer un estudio de Romanos capítulo 7 a fin de investigar qué quiere Pablo que comprendamos aquí. Intérpretes han sugerido que Pablo está hablando de su experiencia como un joven judío antes de ser convertido, de su experiencia como cristiano, o de la experiencia corporativa de la nación judía. El estudiante debe analizar el texto bíblico antes de consultar cualquier comentario adicional. Su estudio debe considerar las tres siguientes afirmaciones de Pablo, y también indicar cómo se conformarían a las interpretaciones posibles:

a. «*Y yo sin la ley vivía en un tiempo; pero venido el mandamiento, el pecado revivió y morí*» (Romanos 7.9);

b. «*Y yo sé que en mí, esto es, en mi carne, no mora el bien; porque el querer el bien está en mí, pero no el hacerlo*» (7.18); y

c. «*Porque según el hombre interior, me deleito en la ley de Dios; pero veo otra ley en mis miembros, que se rebela contra la ley de la mente, y que me lleva cautivo a la ley del pecado que está en mis miembros*» (7.22,23). Es decir, el alumno debe pensar cómo es que cada uno de los que adopta las interpretaciones sugeridas explicaría dichos textos.

[**Nota:** Este es un pasaje dificil. El alumno también puede pensar en otras alternativas de interpretación pero en este caso debe explorar desde qué punto de vista escribe Pablo.]

2. El alumno puede realizar un estudio de todos los pasajes que tratan con el Espíritu Santo en las epístolas de Pablo. Para ello debe hacer lo siguiente: a. Averiguar cuáles son las epístolas de Pablo. b. Hacer un bosquejo visual o gráfico con las siguientes categorías: epístola; referencia; texto; interpretación; principios para la vida cristiana. c. Buscar las referencias al Espíritu Santo en las epístolas de Pablo con la ayuda de una buena concordancia. d. Estudiar cada referencia de acuerdo a los sanos principios de estudio bíblico e interpretación. e. Llenar el bosquejo con los conocimientos adquiridos. La información servirá no solo para edificación personal, sino también para formar la base de alguna clase de escuela dominical, conferencia, prédica o charla.

3. El alumno debe hacer un estudio de la relación entre la Palabra de Dios y la vida cristiana victoriosa. Dicho estudio puede concentrarse ya sea en el Antiguo Testamento, el Nuevo, o ambos. Se pueden usar recursos adicionales pero el trabajo principal debe hacerse con el mismo texto bíblico. El estudiante debe poner sus conclusiones en forma de clase o estudio para ser presentado en la iglesia en una oportunidad futura.

4. Un proyecto original desarrollado por el alumno, el guía o facilitador, o ambos.

Lección 6

Sugerencias para comenzar la clase

1. Comience la lección leyendo la cita de Karl Barth que aparece en la página 135. «Disputa con este mundo pasajero el derecho que se ha tomado de fijar la agenda de tu vida». Pida a los alumnos que comenten no sólo acerca de la declaración completa sino también de las ideas que la componen. Después de varios minutos de interacción prosigan al próximo paso de la lección.

2. Comience la lección leyendo 1 Crónicas 12.32: «*De los hijos de Isacar, doscientos principales, entendidos en los tiempos, y que sabían lo que Israel debía hacer, cuyo dicho seguían todos sus hermanos*». Por unos minutos traten los siguientes temas: ¿Cómo es que el cristiano puede mantenerse informado acerca de los tiempos y a la vez no mancharse con el mundo? ¿Hasta qué punto debe estar un cristiano informado acerca de los acontecimientos de estos tiempos? ¿Debe el creyente ignorar al mundo por completo? Después de una discusión animada, pasen al resto de la lección.

3. Lea la definición que da nuestro texto de la palabra «cosmovisión» (p. 136). Hablen por unos minutos acerca de cómo se desarrolla una cosmovisión y cómo conformarla a la que Dios desea que tengamos. Después de que opinen varios alumnos prosigan con las otras partes de la lección.

4. Desarrolle su creatividad para comenzar y presentar la lección.

Comprobación de las preguntas

1. El mundo que nos rodea nos quiere imponer sus formas de pensar. Por lo tanto, debemos examinar la nuestra.

2. Los hijos de Isacar eran «entendidos en los tiempos» y «sabían lo que Israel debía hacer». La relevancia para el creyente contemporáneo está en que hoy existen muchas ideas que influyen la conducta de nuestra sociedad. El creyente debe saber qué son y cómo responder a ellas.

3. «Cosmovisión» se define como la manera en que miramos al mundo que nos rodea, es decir es el esquema conceptual por el cual consciente o inconscientemente, interpretamos todo lo que vemos.

4. El creyente tiene que comprender su fe de manera que pueda sistematizarla a fin de interpretar cristianamente y responder a lo que confronta cada día y sucede a su alrededor.

5. El texto presenta los siguientes puntos de vista:

a. Secularismo: Filosofía que extrae a Dios, niega la eternidad y mide toda realidad y valor humano a vista del presente.

b. Existencialismo: Filosofía que afirma que «la existencia precede la esencia», la muerte aniquila a la personalidad, y debemos vivir «valientemente» en frente de dicho final sin sentido ni existencia.

c. Humanismo: Filosofía que afirma que no hay Dios y que el hombre es un accidente de la naturaleza; a la vez que la medida de todo y el ser máximo.

d. Humanismo contemporáneo: Filosofía que aboga que el hombre debe descubrirse a sí mismo y «actualizarse», incluso quitando cualquier barrera hacia ese fin. La autoexpresión y la felicidad personal se deben lograr sin limitación e impedimento.

e. Pragmatismo: Filosofía que afirma que no existe la verdad absoluta y debemos hacer lo que nos conviene.

f. Pluralismo y relativismo: Filosofía que aboga que todo es relativo y que existe diversidad de opinión.

g. Hedonismo: Filosofía que insta a seguir el placer sobre todo.

6. Los «apóstoles» del existencialismo son Jean-Paul Sartre, Martin Heidegger, Albert Camus y Friedrich Nietzsche. Las conclusiones del existencialismo son:
   a. No hay mundo transcendental.
   b. La muerte aniquila la personalidad.
   c. Vivimos al borde de la nada.
   d. No hay Dios.
   e. No hay futuro eterno.

7. En vez de ser una filosofía «Macho» es una de escapismo cobarde que rehúsa enfrentarse a Dios, al juicio, y a la eternidad.

8. La contradicción es considerar que el hombre tiene suma dignidad y que a la vez vino de la nada y termina en nada.

9. El «mandato» del humanismo es «conócete a ti mismo». El mandato de la Biblia es conocer a Dios. Cuando conocemos a Dios todo lo otro cobra sentido.

10. El autor, a fin de fijar una correcta cosmovisión y renovar la mente, sugiere lo siguiente:
   a. Para fijar una correcta cosmovisión debemos:
      1) Reconocer la necesidad de una mente renovada.
      2) Reconocer que el cuerpo es el templo del Espíritu Santo.
      3) No amoldarnos al mundo sino ser transformadores y no aislarnos.
   b. Para renovar la mente debemos:
      1) Estudiar ávidamente la Palabra de Dios.
      2) Estudiarnos a nosotros mismos a la luz de la Palabra.
      3) Pedir la gracia transformadora de Cristo.
      4) Seguir ejemplos bíblicos de personas transformadas.

Sugerencias para proyectos adicionales

1. El alumno puede realizar un estudio personal de su propia cosmovisión. Para ello debe hacerse las siguientes preguntas:

   a. ¿Cuán preciso es mi concepto de Dios al compararlo con lo que dice la Escritura?

   b. ¿Qué concepto tengo del universo y los ángeles, seres humanos, y animales en relación con Dios?

   c. ¿Cuál es el fin del ser humano y cómo puede el hombre tener certeza de vida eterna? (Véase Génesis 1–3; Salmo 8; Juan 5.24; 11.25–27; Romanos 8.)

2. El estudiante puede hacer una evaluación de su cristianismo a la luz de la enseñanza acerca de los hijos de Isacar que eran «entendidos en los tiempos» y «sabían lo que Israel debía hacer». Para realizar este proyecto debe responder a las siguientes preguntas:

   a. ¿Hasta qué punto soy «entendido en los tiempos y hasta qué punto pienso que lo debo ser?

   b. ¿Qué tan entendido soy en lo que la Biblia dice acerca de la voluntad de Dios para mí, mi familia, y la iglesia?

   c. ¿En qué áreas ando bien y qué debo hacer para corregir cualquier deficiencia en mi vida?

3. El estudiante puede seleccionar una de las filosofías seculares a fin de hacer un estudio más profundo acerca de la misma, relacionarla con la Biblia, y discernir cómo dicha filosofía ha afectado su propia forma de ser y pensar. Para realizar este proyecto el alumno:

   a. Explorará la filosofía con la ayuda de materiales adicionales.

   b. Explorará los puntos en los cuales dicha filosofía está de acuerdo con la Biblia y dónde no, ya que las filosofías a menudo mezclan la verdad con el error.

   c. Discernirá cómo dicha filosofía ha afectado su propia cosmovisión y qué corrección bíblica debe ocurrir.

4. Un proyecto original desarrollado por el alumno, el guía
o facilitador, o ambos.

Lección 7

Sugerencias para comenzar la clase

1. Al principio de la lección lea el relato del joven recién casado tentado por una de sus novias anteriores (véanse las páginas 161 y 162). Pida a los alumnos que reflexionen y opinen acerca de lo que habría resultado si la mujer hubiera convencido y vencido al joven. Los estudiantes también deben expresar algunos de los muchos beneficios de la obediencia. Después de unos minutos de discusión provechosa, prosigan con el resto de la lección.

2. Comience la lección con una selección de dos o tres temas potencialmente controversiales en las iglesias tal como los que siguen u otros diferentes: a. ¿Puede el creyente ir al cine? b. ¿Pueden las mujeres usar maquillaje? c. ¿Puede el cristiano participar en los deportes? Pida a los alumnos que piensen en pasajes o principios bíblicos (correctamente interpretados) que aplican a las diversas situaciones. Permita que varios expresen su opinión en espíritu apacible, maduro, y bondadoso. Después de unos minutos de discusión avivada prosigan con el tema de la lección a fin de explorar algunas respuestas a las preguntas que hayan surgido.

3. La frase «Tiene la mente tanto en el cielo, que no sirve para nada aquí en la tierra», se ha usado en Norteamérica para describir a creyentes «santurrones» que no contribuyen de manera significativa ya sea en su trabajo, comunidad, o nación. Pida a los alumnos que reflexionen acerca de la verdad o falsedad de dicha declaración como también acerca de la relación que el creyente debe sostener con el mundo presente y el futuro. ¿Cómo debemos vivir en el presente a la luz del mundo venidero. Después de unos minutos en los cuales varios opinen, prosigan con el resto de la reunión.

4. Desarrolle su creatividad para comenzar y presentar la lección.

Comprobación de las preguntas

1. La palabra «mundo» puede significar: a. el planeta tierra; b. la humanidad; c. el sistema de valores y la actitud que se opone a Dios.

2. El reto está en que la Biblia no se dirige directamente a varios temas que el cristiano enfrenta en su vida. Por lo tanto, el creyente debe aprender a tomar los principios bíblicos absolutos y aplicarlos con discernimiento y sabiduría a las áreas en las cuales hay conflictos o diferencias de opinión. En esto está la madurez del creyente en poder conocer y aplicar los principios precisos de las Escrituras en situaciones no descritas explícitamente en la Biblia.

3. Nuestro texto afirma que el rechazo de plano de todo lo que no proviene directamente de un origen evangélico lleva a un fanatismo que daña la causa de Cristo más que la levanta. Hay otra manera de pensar, Dios nos ha dado mucho en el mundo para disfrutar y sólo debemos evaluar todo por los parámetros que la Biblia provee.

4. Las iglesias que sencillamente condenan todo van más allá de la autoridad de Dios, no han captado la totalidad de lo que la Biblia enseña acerca del «mundo», y no han instado a los creyentes a la madurez.

5. El autor nos provee de los siguientes principios:

a. Debemos repudiar todo lo diabólico.

b. Debemos rechazar el fanatismo basado en un entendimiento falso de lo que Dios prohíbe.

c. Debemos repudiar lo que desvaloriza al ser humano o su conducta.

d. Debemos rechazar todo lo que minimiza a Dios o niega su presencia o existencia.

e. Debemos rechazar lo del mundo y seguir el ejemplo de Jesús.

6. La muerte y resurrección de Jesucristo se relacionan con el nuevo nacimiento, la nueva vida, y la victoria sobre el pecado. El pasaje central que trata con estos temas se encuentra en Romanos 6.1-14.

7. La unión indisoluble entre Jesucristo y el creyente que lo une con la muerte y resurrección de Él.

8. Dos consecuencias básicas proceden de la realidad de nuestra unión con Jesucristo:

   a. Hemos muerto al pecado; el viejo hombre que éramos fue crucificado con Él.

   b. Hemos resucitado con Cristo, a fin de andar en vida nueva y vivir para Dios.

9. Las realidades se hacen operativas creyéndolas. Al obedecer a Dios creyendo las realidades de que hemos muerto con Cristo y resucitado con Él, podemos experimentar victoria sobre el pecado en nuestras vidas. Experimentamos la vida de resurrección ahora en base a nuestra unión con Jesús.

10. Nuestro autor ofrece dos respuestas, una bíblica y una histórica, respectivamente:

    a. La Biblia nos instruye a poner la mira en el futuro y las cosas celestiales.

    b. La historia demuestra que los cristianos son los que han hecho más por mejorar el mundo presente, en el cual vivimos.

Sugerencias para proyectos adicionales

1. El alumno puede realizar un estudio de la palabra «mundo» con la ayuda de una buena concordancia en los escritos de Juan (El Evangelio según San Juan, 1, 2, 3 Juan, y Apocalipsis). Los resultados deben ser clasificados y colocados en un bosquejo visual que contenga el

libro, la referencia escritural en la cual la palabra «mundo» aparece, y el significado del término en su contexto. Dicha gráfica se puede utilizar tanto para la edificación personal como para la instrucción de otros en varios contextos de la educación cristiana (clase dominical, discurso, sermón, etc.).

2. El estudiante puede hacer un análisis de los capítulos 5 al 8 de Romanos. Para enfocar el estudio, el alumno debe clasificar la siguiente información en un bosquejo de acuerdo a los textos en los cuales las verdades aparecen:

   a. Los beneficios de la justificación.

   b. La unión del creyente con Jesucristo.

   c. Los principios de la vida nueva en Cristo.

   El alumno puede usar este proyecto para edificación personal y corporativa en la iglesia.

3. El estudiante debe evaluar qué tanto tiene la mira en el cielo y en la tierra, respectivamente. Como resultado el alumno tal vez tenga que enfocarse más en el futuro o ayudar más en el presente, o ambos. El estudiante debe hacer un plan para mejorar en las áreas que necesita ayuda. Parte del plan puede ser un proyecto (o varios) de ayuda a los necesitados

4. Un proyecto original desarrollado por el alumno, el guía o facilitador, o ambos.

Sugerencias para comenzar la clase

1. Comience la lección con una lectura de la siguiente afirmación de San Agustín: «Oh Dios, tú nos has creado para ti mismo, y nunca reposaremos hasta descansar en ti». Pida que varios voluntarios compartan de manera breve en qué modo este pensamiento se relaciona con sus vidas antes de recibir el regalo gratuito de la vida eterna, como también si afecta su esperanza de estar en la presencia del Señor. Después que dos o tres compartan con el grupo, pasen al próximo paso de la lección.

2. Comience leyendo Romanos 3.24; Lucas 19.17–19 y 1 Corintios 3.5–15 junto con la siguiente afirmación de nuestro texto: «De acuerdo con nuestra fidelidad aquí en la tierra, tendremos responsabilidades sobre ciudades». Pida que los alumnos discutan por unos minutos la diferencia entre el regalo gratuito de la vida eterna que se recibe sólo por fe en Jesús y las recompensas que se ganan también en base a Su gracia, pero de acuerdo a nuestra fidelidad a Él. Los estudiantes deben tocar el tema de cómo podemos instar a los hermanos perezosos en la fe y qué puede hacer la iglesia para informar mejor a los creyentes acerca de las posibilidades y el potencial que Dios ofrece para la vida venidera. Después de algún tiempo de discusión, prosigan con el resto de la reunión.

3. Lea el relato de los marineros que aparece en la página 213. Diga a los alumnos que Dios justifica a las personas y les otorga vida eterna gratuitamente con sólo creer en Jesús, y lea en voz alta los siguientes pasajes: Juan 4.10 Romanos 3.24; 4.1–9. Además, lea 1 Corintios 3.5–15 para recibir la perspectiva de las recompensas eternas prometidas al creyente fiel. Luego pida que los alumnos reaccionen a la historia de los marineros a la luz de dichas

Escrituras. Después de unos minutos de discusión prosigan con el tema de la lección.

4. Desarrolle su creatividad para comenzar y presentar la lección.

Comprobación de las preguntas

1. Algunos textos básicos son Isaías 65.17 y 66.22; 2 Pedro 3.10, 13; y Apocalipsis 21.1.

2. El autor sugiere cuatro razones por las cuales debemos estudiar los asuntos venideros a. Nos permite entender la vida futura. b. Es importante a fin de poder entender la plenitud del plan divino de la redención. c. Nos muestra el cumplimiento de las promesas de Dios. d. Forma la base para las invitaciones que Dios nos hace.

3. Algunas de las comparaciones entre Génesis y Apocalipsis son las siguientes:

Génesis	Apocalipsis
Dios hace las lumbreras	Dios mismo es la luz
Satanás engaña	Satanás echado al fuego eterno
El hombre escondido	El hombre cara a cara con Dios

4. El autor nos da dos advertencias: a. Pensar que el mundo venidero es igual que este. b. Pensar que es tan diferente que no tendrá ninguna relación con lo que ahora conocemos.

5. La esperanza más grande del creyente es ver al Señor sin interferencias o velo. Relacionado con esto, la frase «*visio Dei*» significa visión de Dios o «visión beatífica».

6. El objeto de nuestro insaciable deseo es Dios mismo. San Agustín le dio expresión a este deseo en su pensamiento clásico: «Oh Dios, tú nos has creado para ti mismo, y nunca reposaremos hasta descansar en ti».

7. Los que rechazan a Jesús sufrirán en el «lago de fuego y azufre» donde estarán Satanás, la bestia y el falso profeta. Allí sufrirán «día y noche» por «los siglos de los siglos».

8. La vida de Cristo (como Dios y hombre) se puede entender en dos divisiones generales: a. Su humillación. b. Su glorificación. El reino eterno lleva a la culminación de la segunda etapa.

9. Sabemos que llegaremos al cielo no por nuestros méritos sino por todo lo hecho por Cristo. Dios por Su gracia le ha ofrecido a personas indignas como nosotros la vida eterna gratuitamente a base de los méritos de Cristo. Nosotros sencillamente creemos en Su promesa de vida eterna.

10. Algunas de las características de la vida venidera del creyente serán las siguientes

   a. No habrá pecado.

   b. No habrá las consecuencias físicas, morales, o sociales que agobian al mundo.

   c. Todos seremos santos (los que hayamos creído en Jesús en esta vida).

   d. Conoceremos al Señor como Él es.

   e. Haremos cosas parecidas a las que hacemos aquí (adorar, servir, etc.)

   f. Tendremos responsabilidades administrativas de acuerdo a nuestra fidelidad actual como creyentes.

   g. Disfrutaremos de comunión con otros santos.

Sugerencias para proyectos adicionales

1. El alumno puede realizar un estudio del mundo venidero y de los puntos de vista acerca de él en el cristianismo conservador: a. amilenarismo; b. premilenarismo; y c. posmilenarismo. El alumno debe depender de las Escrituras y reconocer que buenos y santos hombres difieren en sus interpretaciones del mundo venidero. Por cierto, la Biblia sólo tiene una interpretación. Sin embargo, la meta de este proyecto no es tanto llegar a «la» interpretación final de estos asuntos sino: a. Percatarse de lo que la

Biblia dice. b. Comprender el esquema básico de las diferentes escuelas de interpretación. c. Evaluar su propia posición actual. Recordemos que la Biblia no está escrita para confundirnos ni para crear conflictos, sino para la edificación mutua y personal.

2. El estudiante puede hacer su propio estudio de las comparaciones y contrastes que la Biblia nos presenta entre el libro de Génesis y el Apocalipsis. Dicha información puede colocarse en un bosquejo o gráfica que permita una comparación fácil. El alumno debe tomar en cuenta que estas relaciones sirven para respaldar la doctrina de la inspiración divina de las Escrituras y también debe reconocer que se necesita mucho cuidado en interpretar tanto el Apocalipsis como también el Génesis. Los intérpretes sinceros de la Biblia varían en sus opiniones e interpretaciones acerca de ambos.

3. El estudiante debe hacer un análisis de Apocalipsis 19—22. Para ello debe utilizar los principios de cómo estudiar la Biblia: observación, interpretación, y aplicación (véase *Cómo estudiar e interpretar la Biblia*, páginas 119–131, 138–142). De nuevo, la meta de este estudio no es llegar a «la» interpretación, sino ampliar los conocimientos del alumno y edificar su vida espiritual. El estudiante debe: a. Evaluar las interpretaciones presentadas en el texto a la luz de lo que descubre en las Escrituras. b. Aplicar las verdades a su propia vida. c. Pensar en cómo puede edificar a otros con lo aprendido.

4. Un proyecto original desarrollado por el alumno, el guía o facilitador, o ambos.

Hoja de calificaciones

Nombre	Calificaciones								Nota final
	Peña 1	2	3	4	5	6	7	8	

PROGRAMA DE SEGUNDO AÑO

Ampliamos los conocimientos bíblicos y prácticos

TP 201 APOLOGÉTICA CRISTIANA
Norman Geisler y Ron Brooks

¿Cómo defender la fe cristiana ante este mundo hostil? Este curso enseña al estudiante a analizar la falsedad de muchos argumentos anticristianos, con respuestas objetivas basadas en la Palabra de Dios.

3 horas crédito

MI 203 EVANGELISMO PERSONAL
Alberto Valdés

¿Cómo alcanzar a los perdidos? Este curso extrae muchos principios evangelizadores adecuados a las necesidades de hoy. El estudiante preparará un manual de evangelismo personal mientras practica y estudia estos ejemplos.

3 horas crédito

TE 201 LA DOCTRINA DEL HOMBRE
La persona que soy,
Les Thompson

Un análisis práctico sobre *antropología* bíblica, que enfatiza la creación del hombre a semejanza de Dios; *hamartiología*, que estudia los efectos del pecado y la caída del hombre; y *soteriología*, que enfoca la obra salvadora de Jesucristo.

3 horas crédito

BI 201 ROMANOS
Alberto Valdés

Un estudio detallado de la epístola de San Pablo a los Romanos. Este curso provee las pautas necesarias para que el estudiante escriba su propio comentario en vez de escoger uno de cualquier autor. El participante aprenderá a aplicar las reglas de interpretación bíblica a la vez que prepara estudios para instruir a la iglesia.

3 horas crédito

MI 201 EVANGELISMO URBANO
La comunidad en que vivo,
Salvador Dellutri

Introducción a la responsabilidad cristiana de compartir la fe en la comunidad. Enfoca ampliamente las características de la comunidad en nuestros tiempos, tratando las condiciones imperantes, los desafíos y cómo enfrentarlos. El estudiante elaborará una estrategia para la evangelización de su comunidad. Requiere trabajo de campo en la evangelización.

3 horas crédito

TP 201 LA FAMILIA CRISTIANA
Alberto Roldán

Un examen de la doctrina bíblica sobre el matrimonio y la familia. A la luz de la Biblia, el estudiante evalúa las funciones de cada cónyuge, las relaciones interpersonales, las actitudes de los padres en relación con el hogar, la iglesia.

3 horas crédito

MI 203 HACIENDO DISCÍPULOS
Billy Graham Center

En este curso el estudiante aprenderá por qué es importante discipular al nuevo creyente, cómo confirmarle en su nueva fe, y cómo integrarlo al programa de la iglesia. Un estudio excelente para comprender y aplicar el mandamiento de Jesús de «hacer discípulos». El curso fue desarrollado por el Instituto de Evangelismo, Billy Graham.

3 horas crédito